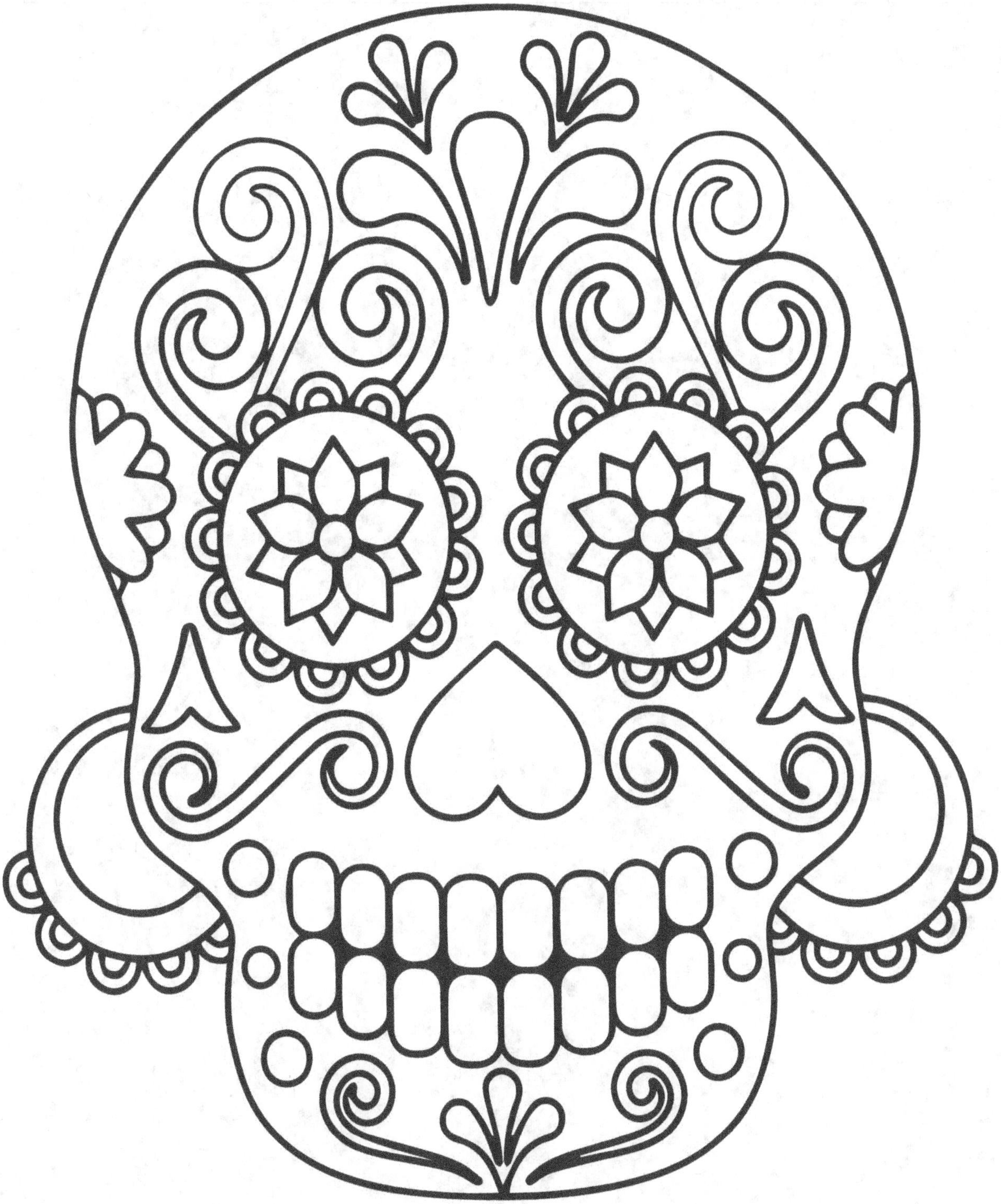

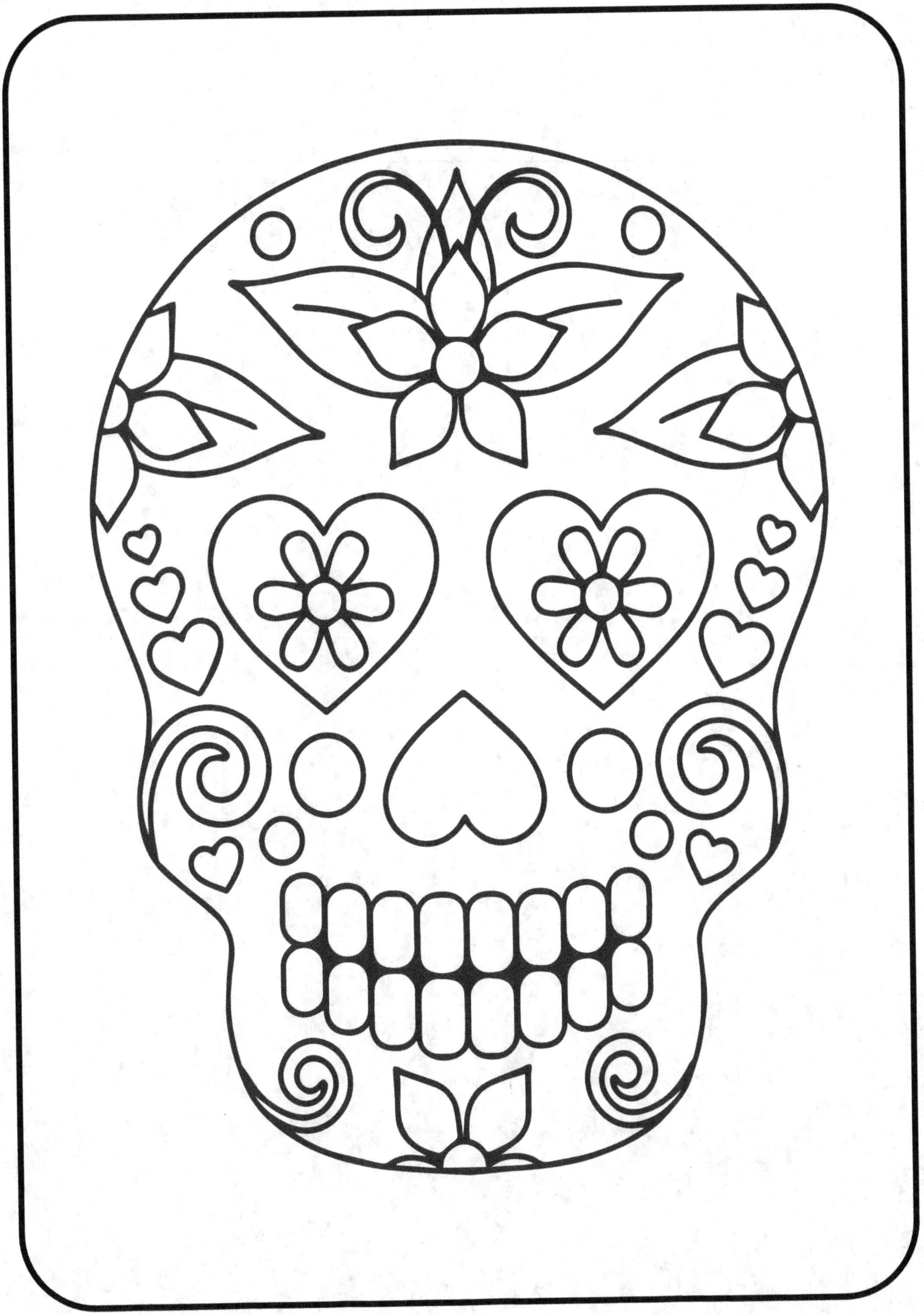

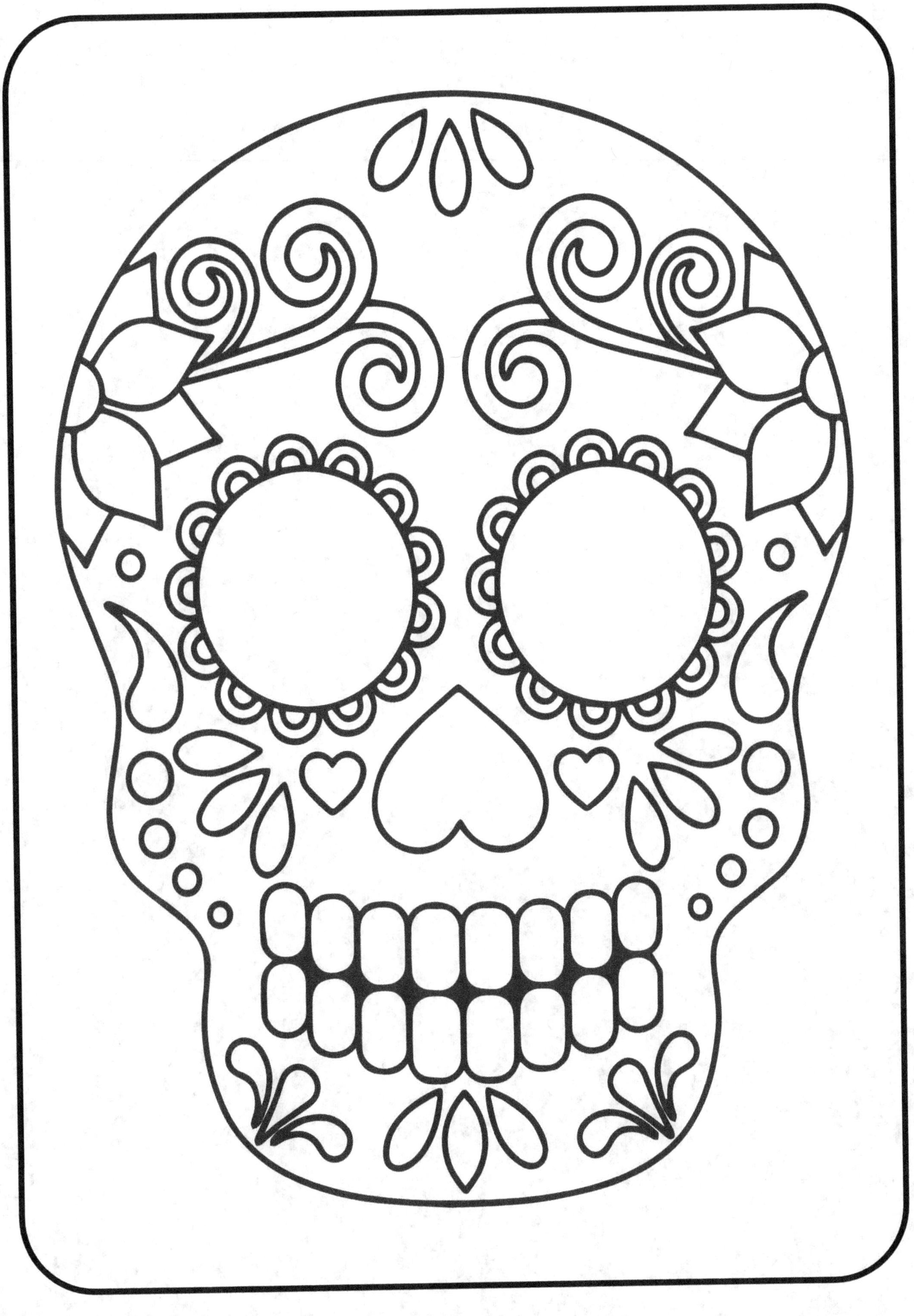

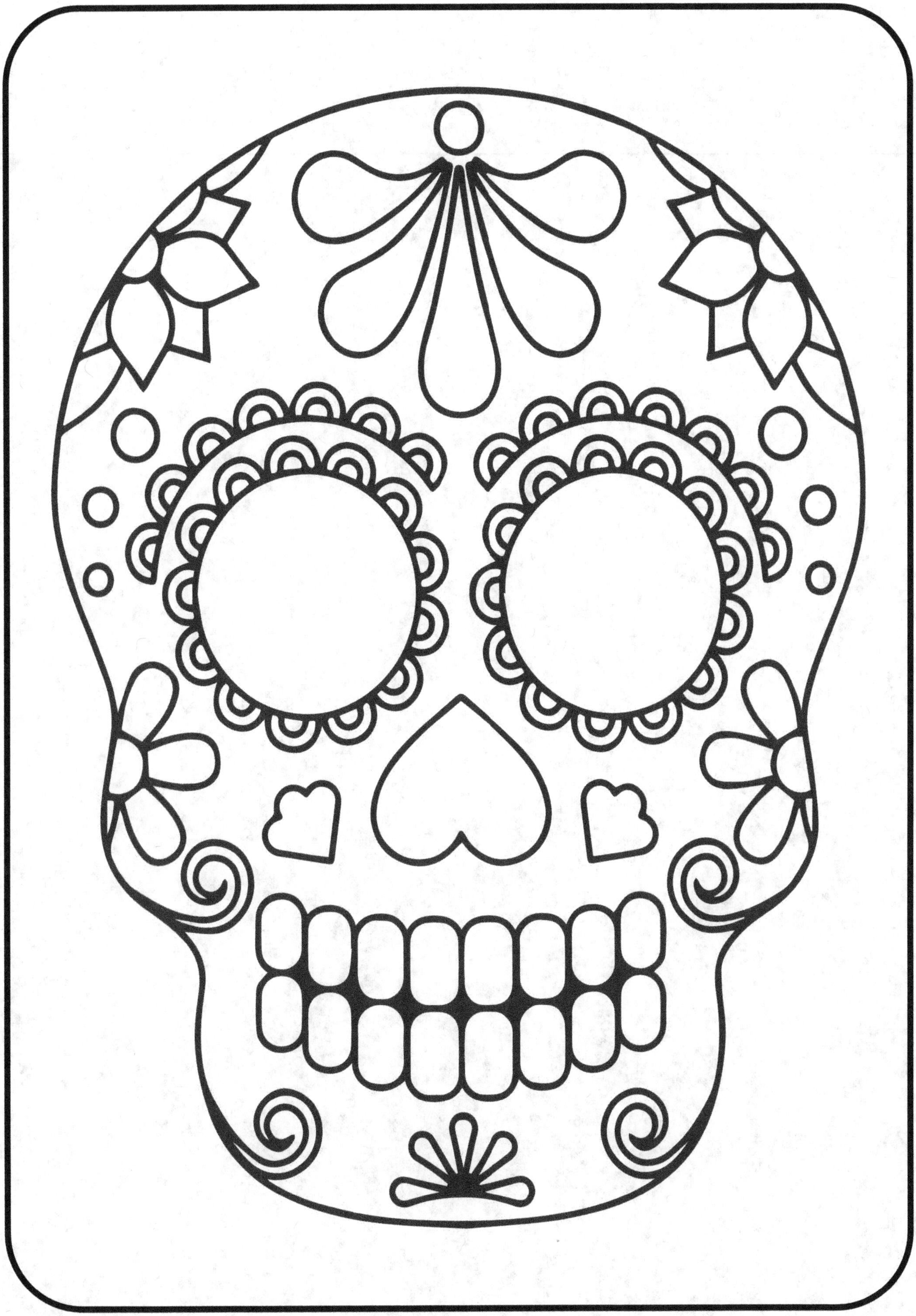

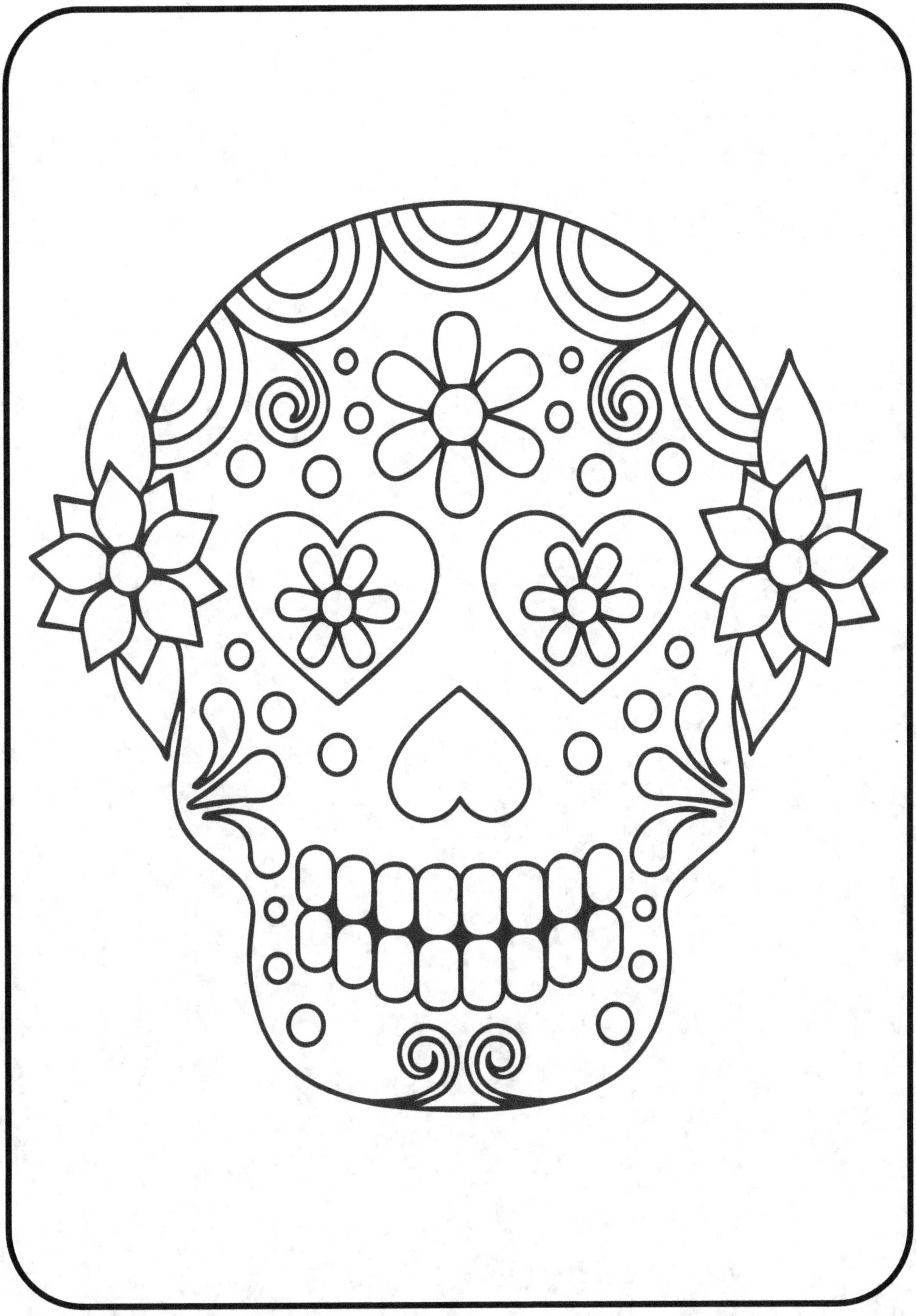

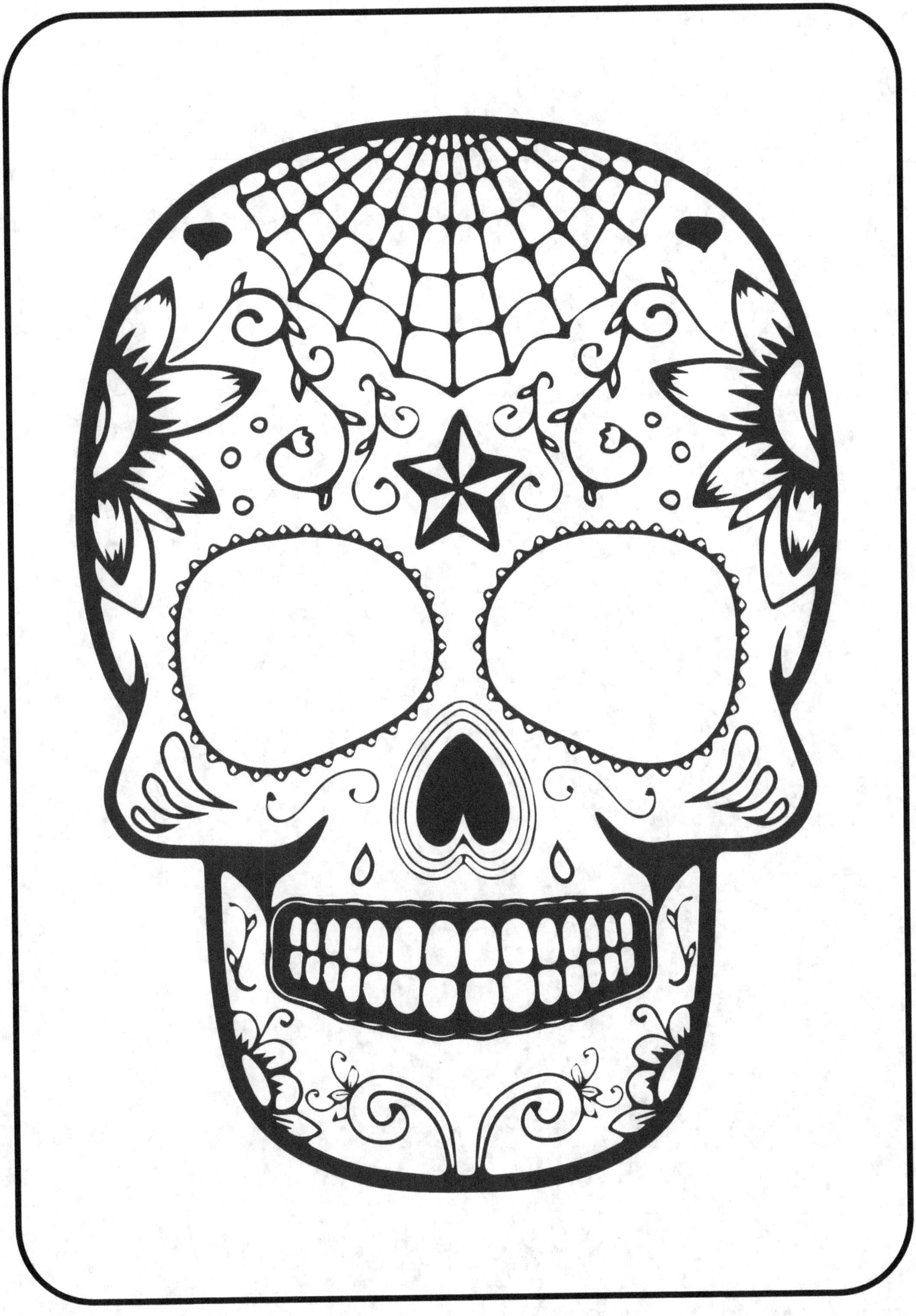

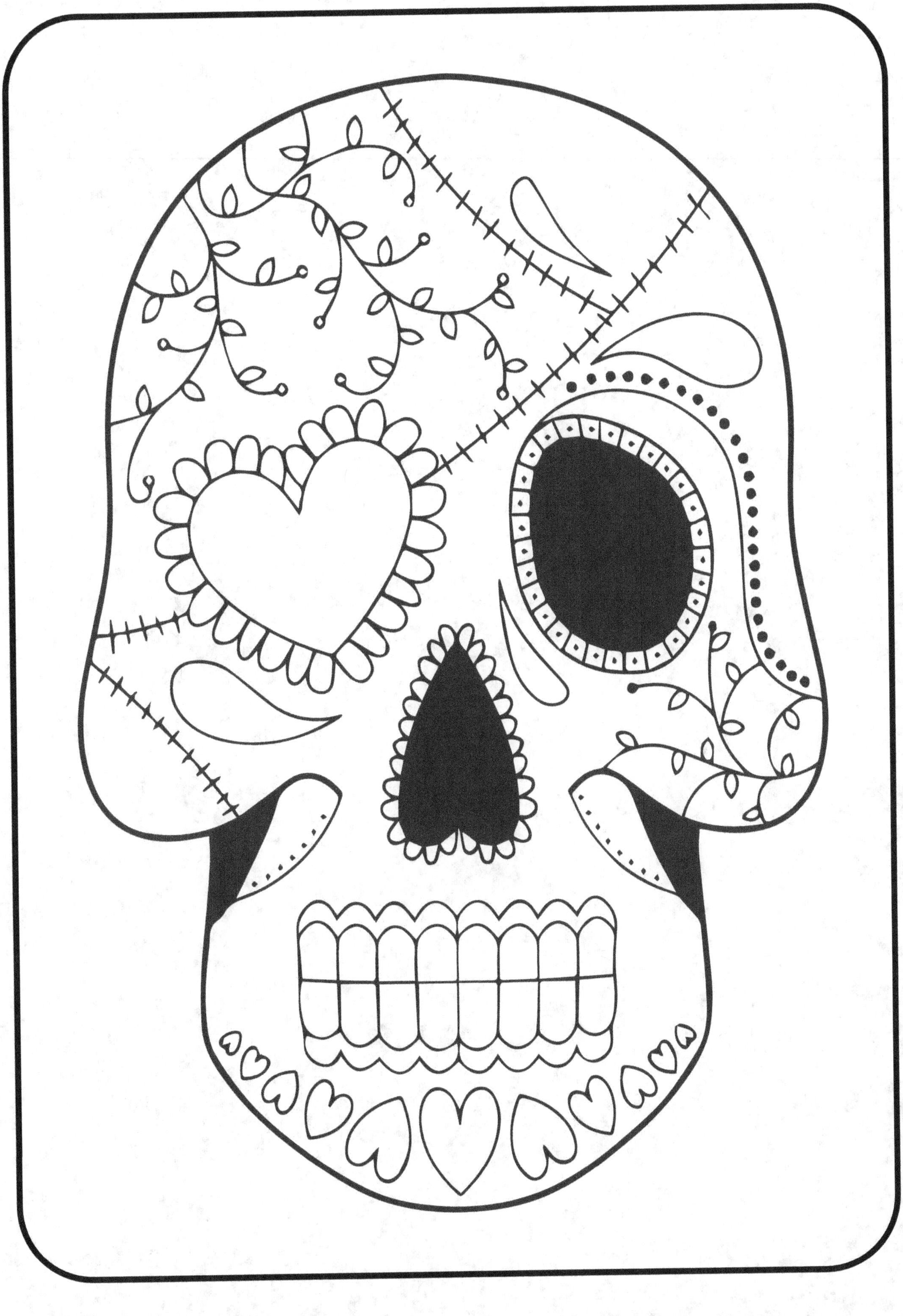

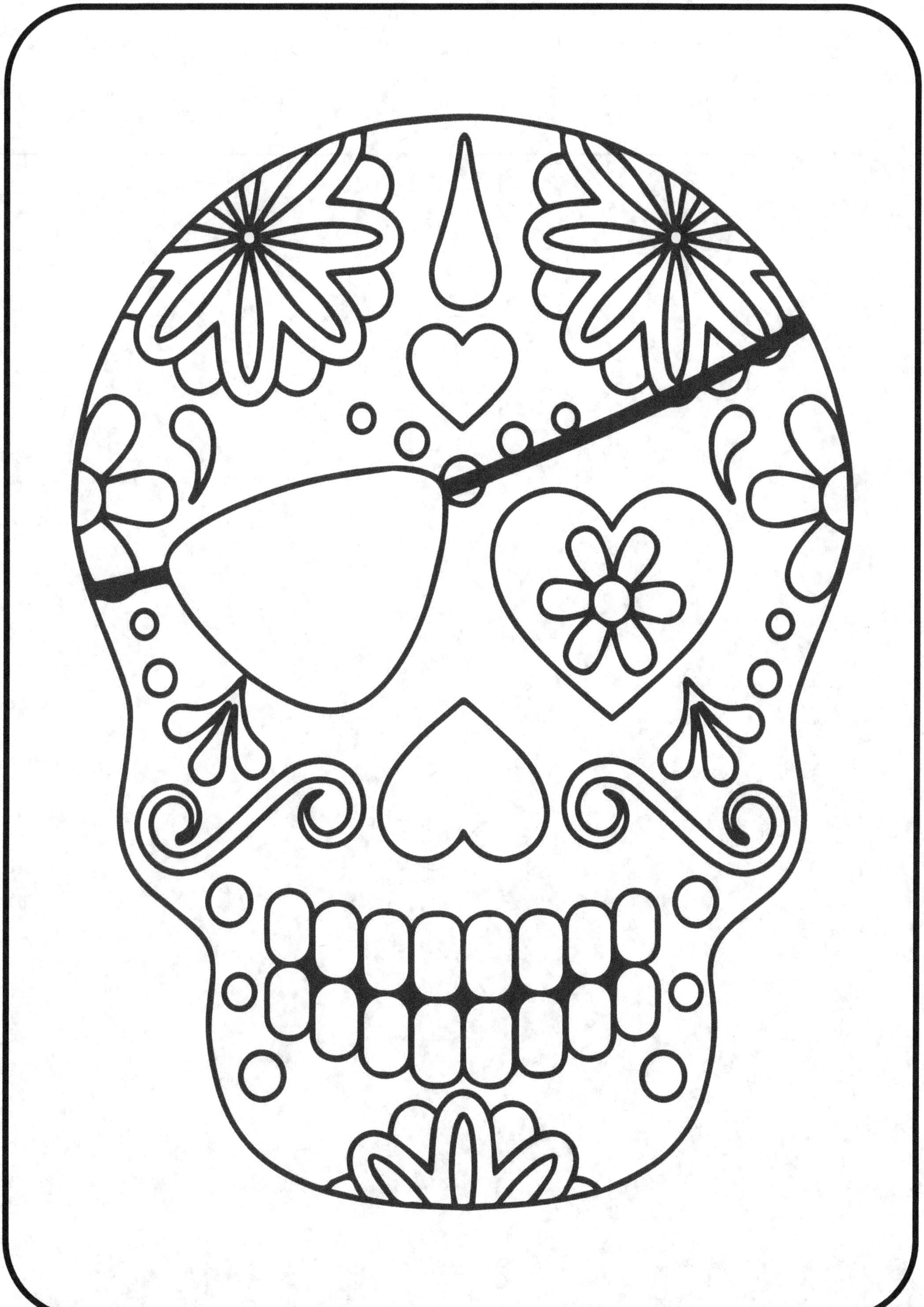

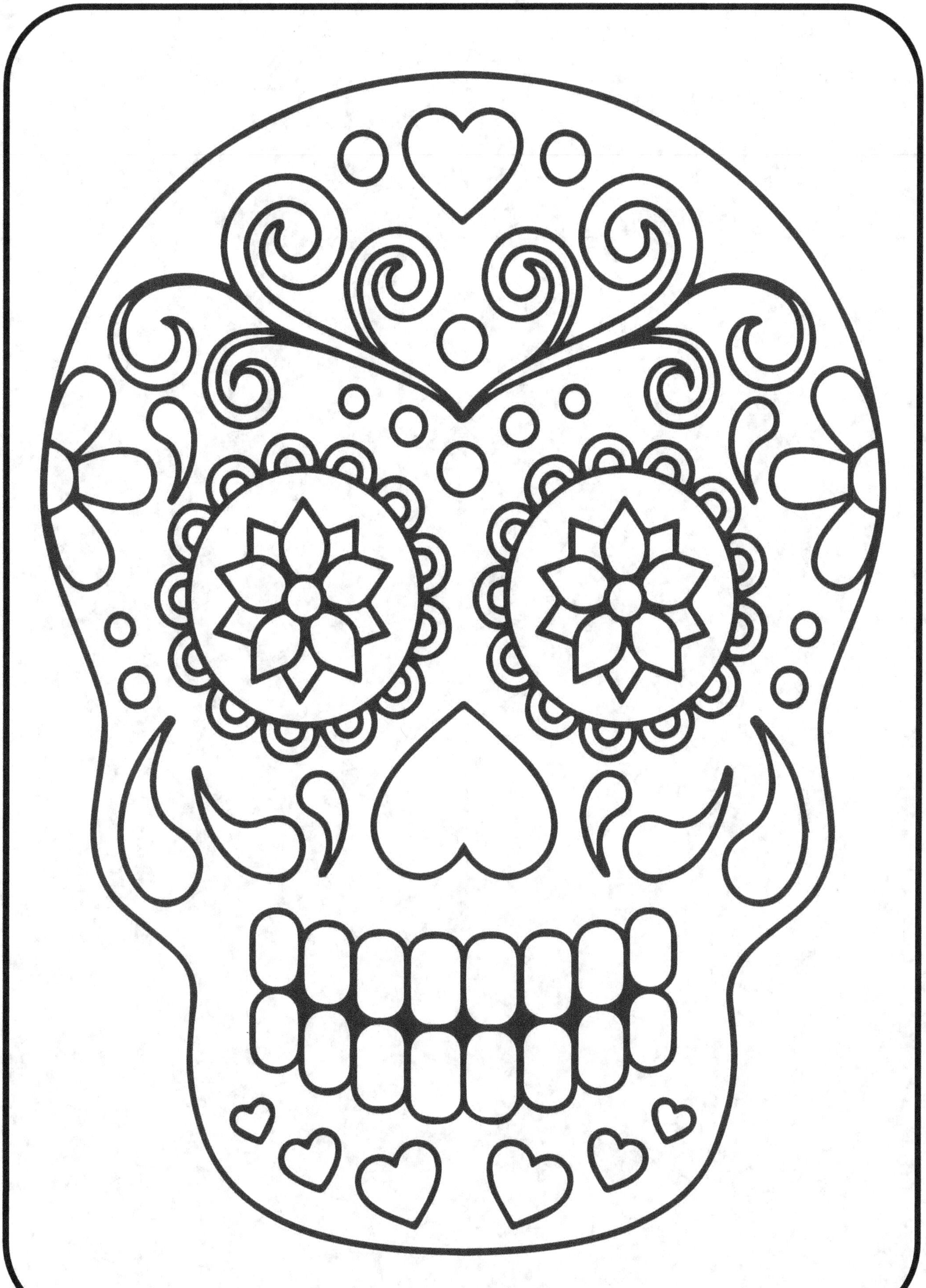

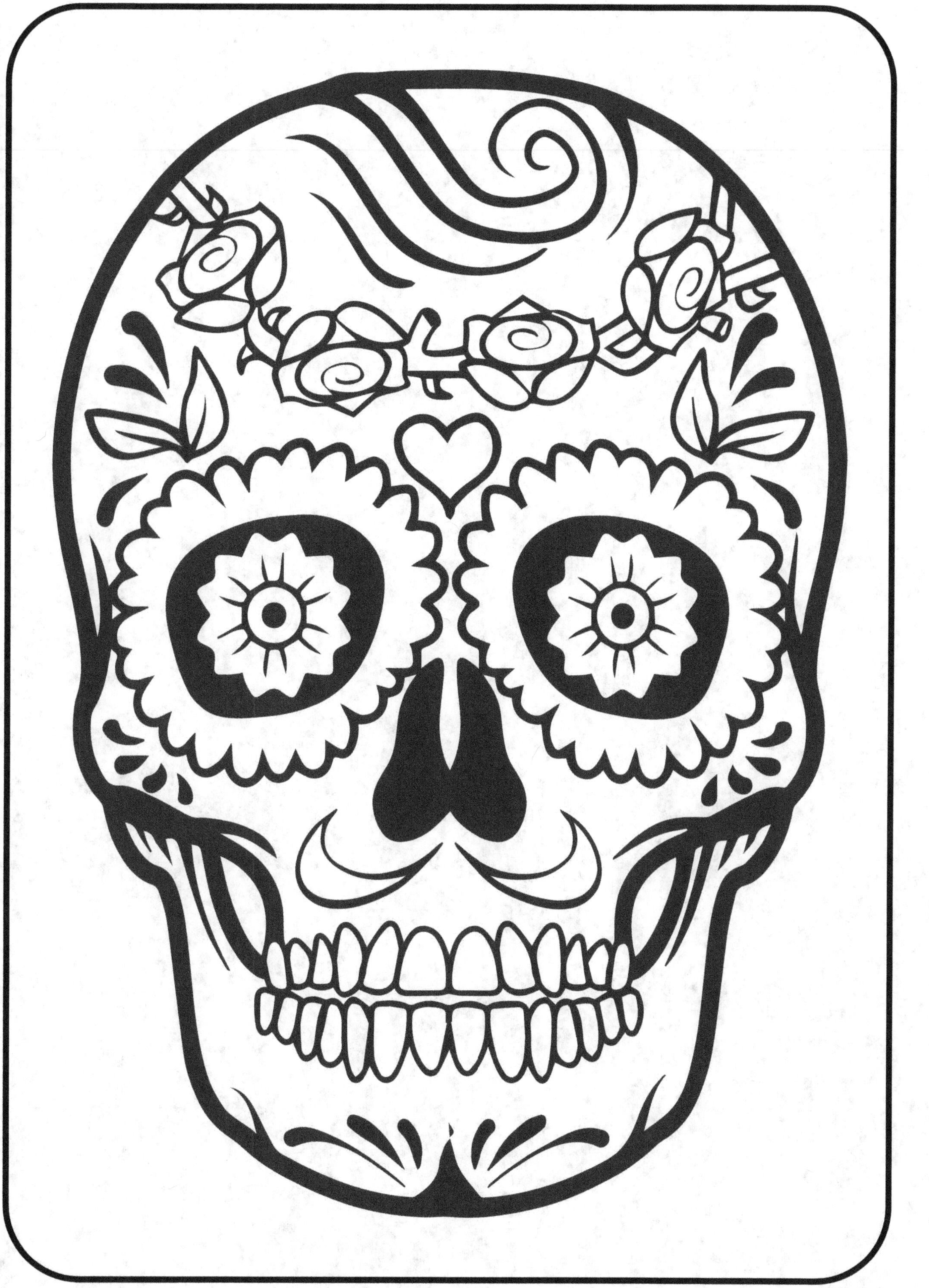

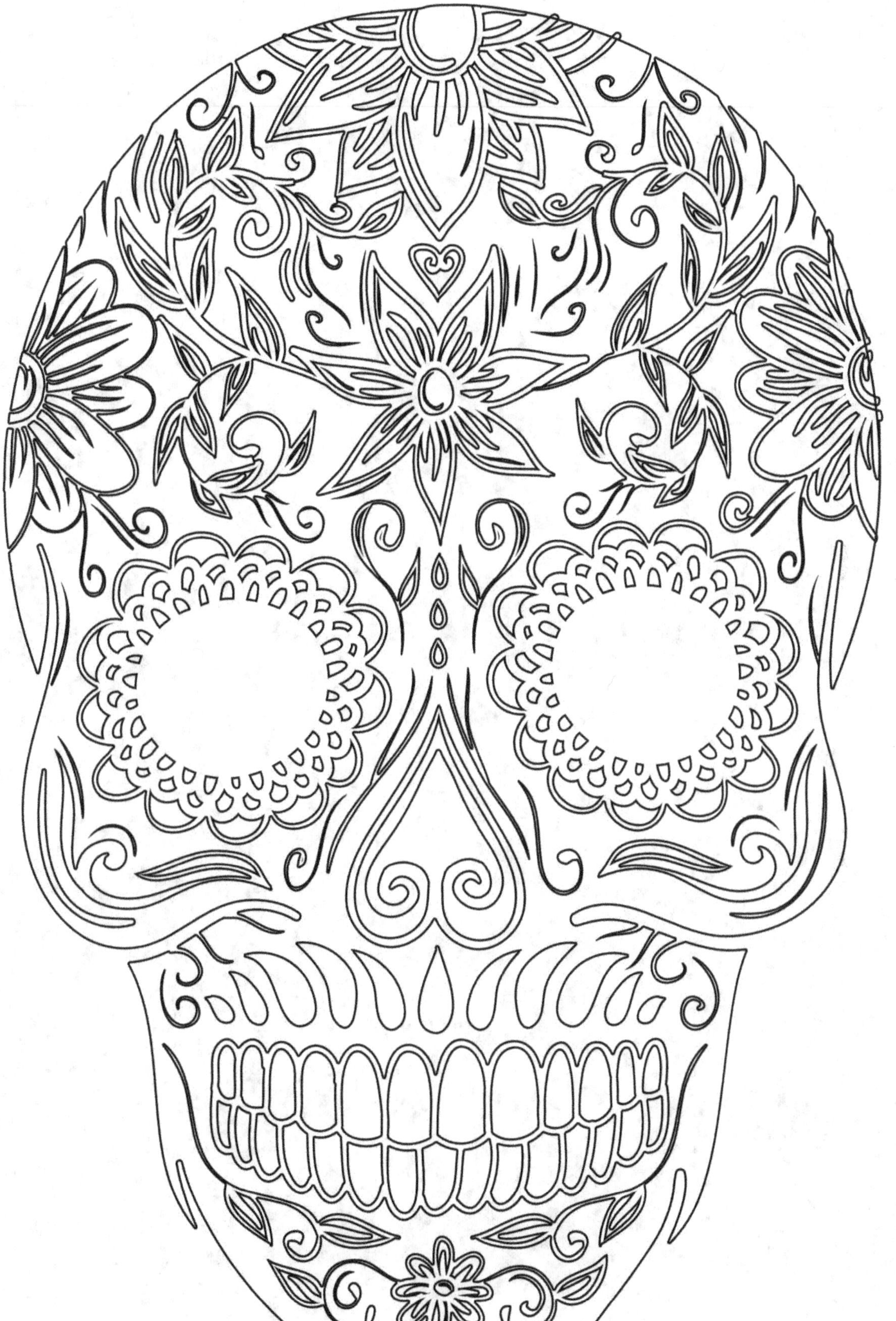

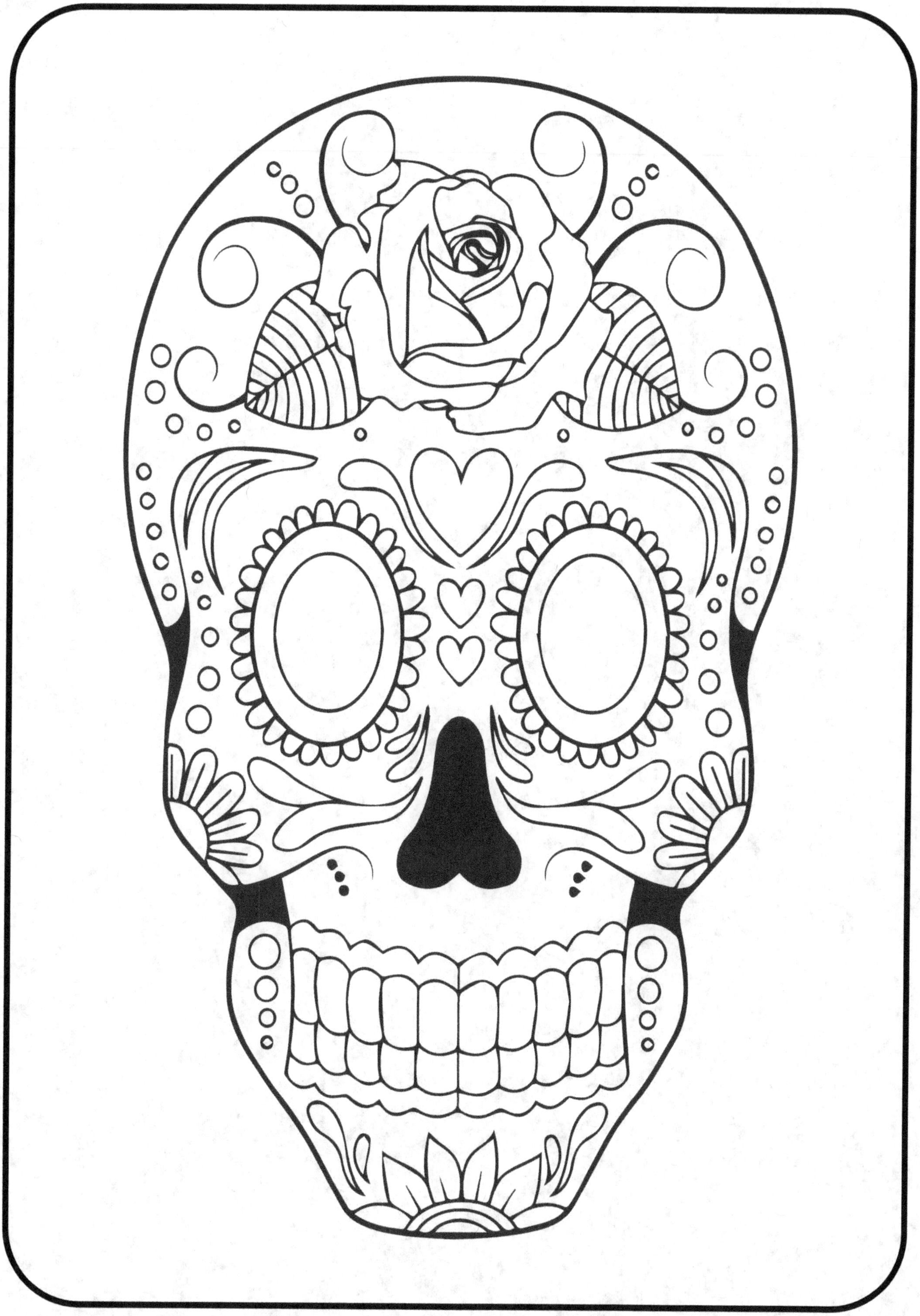

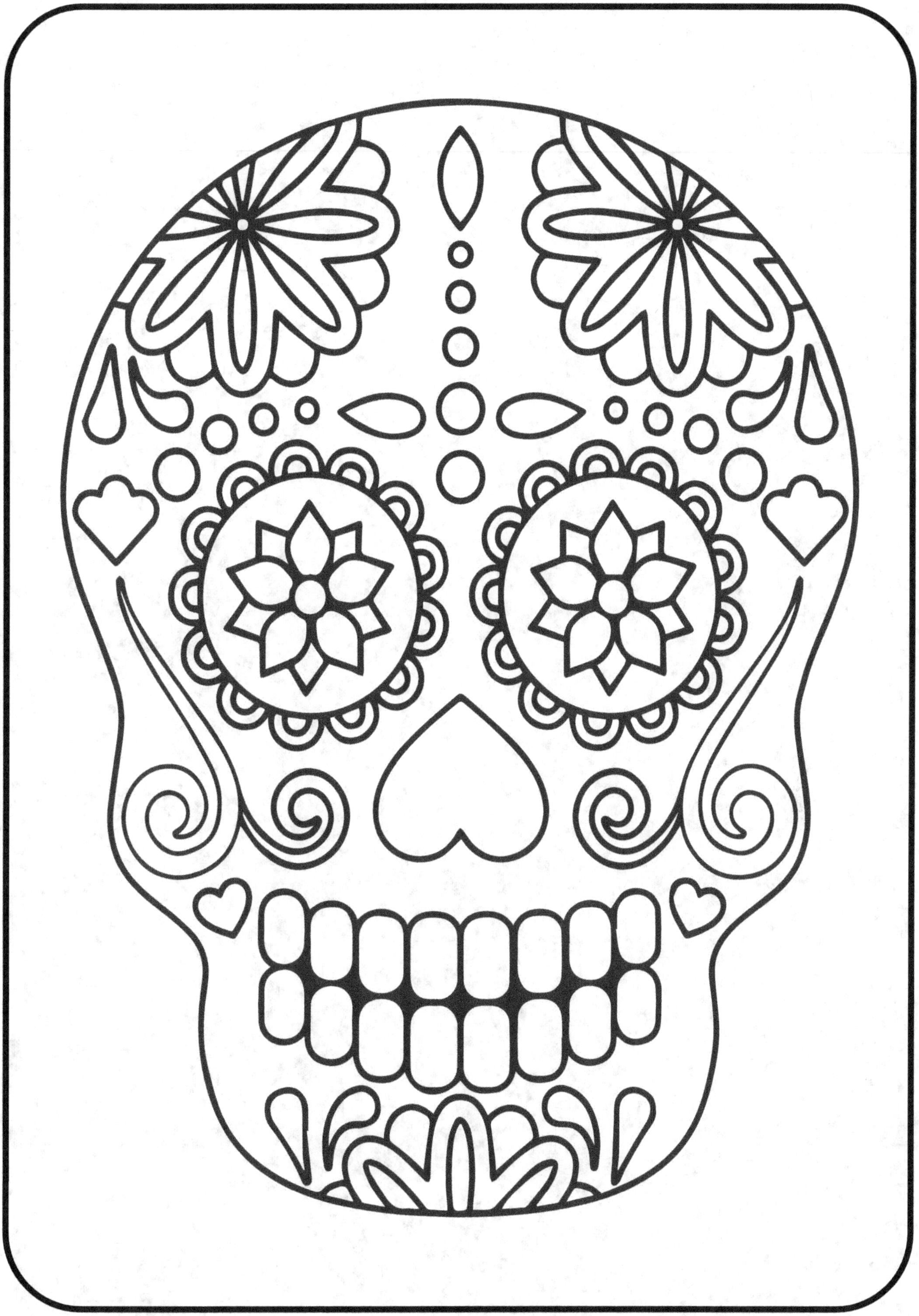

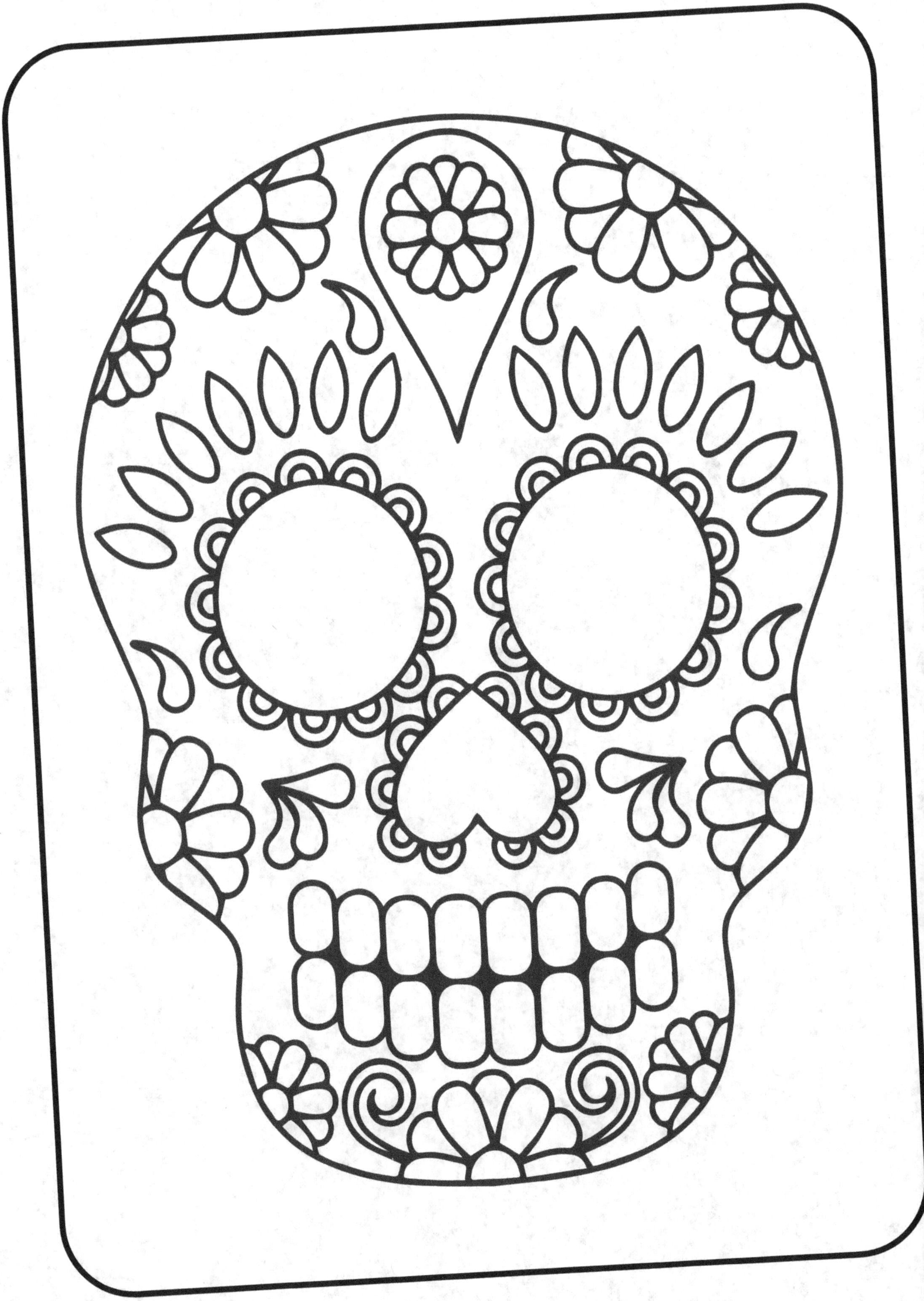

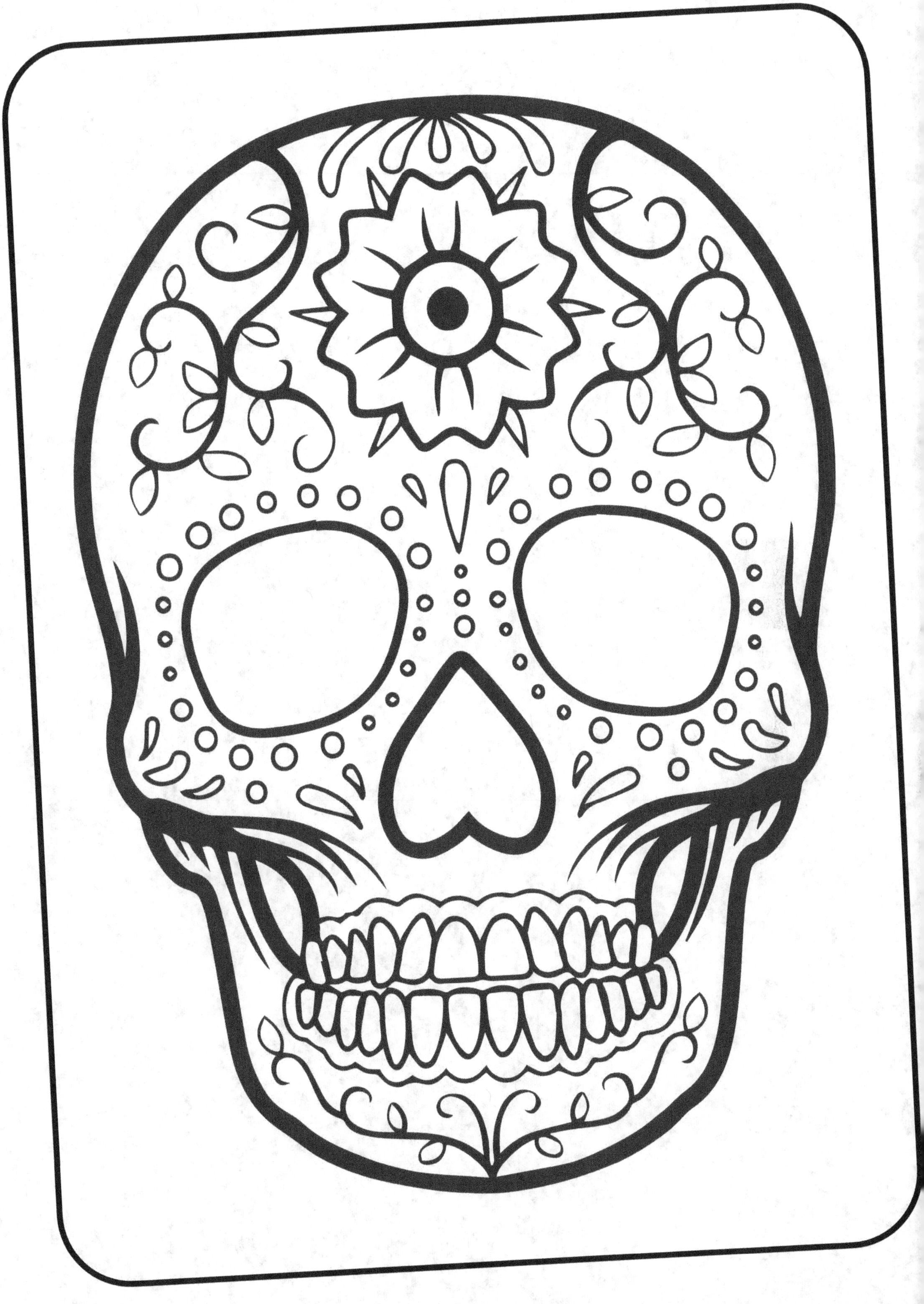

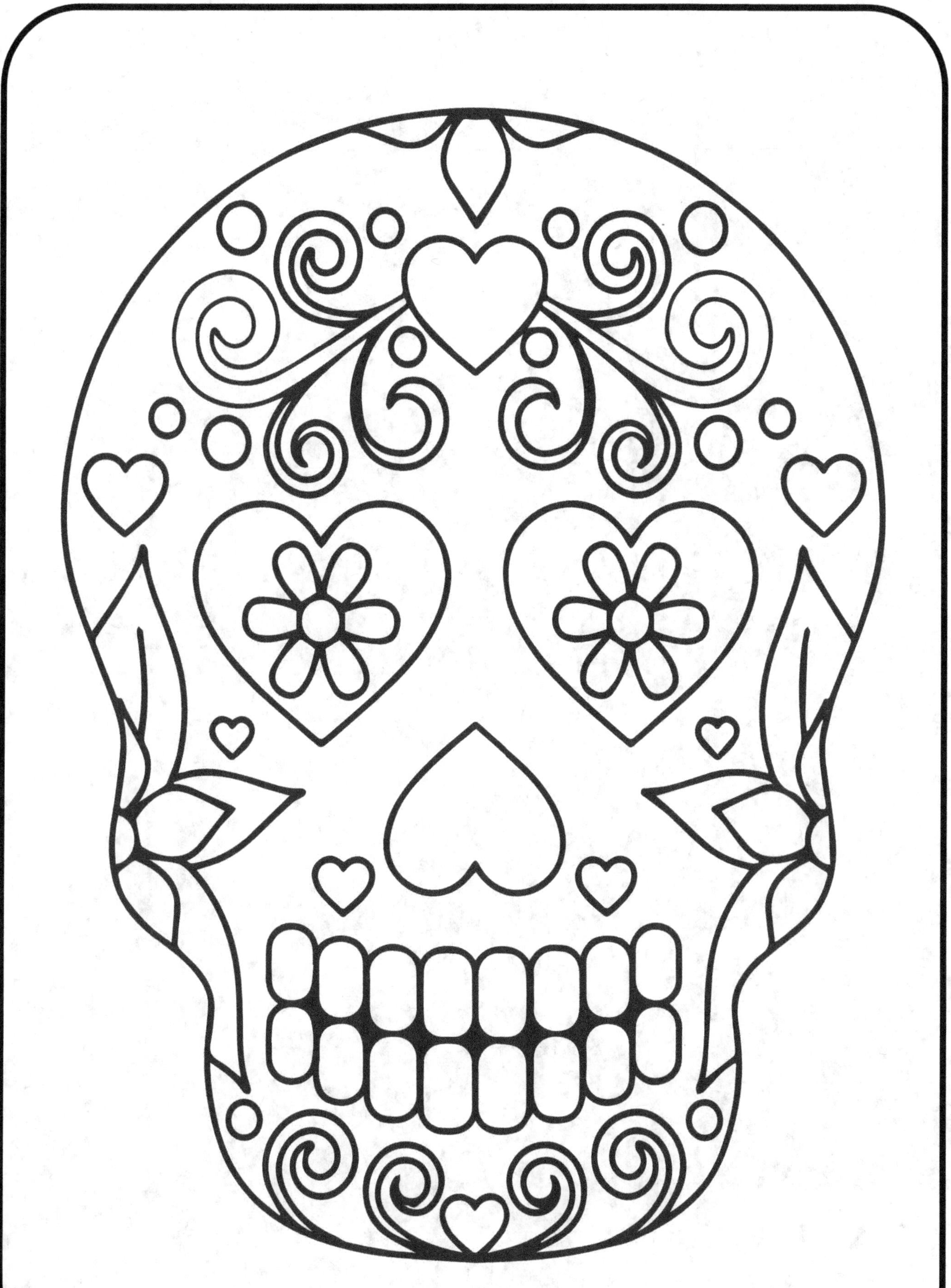

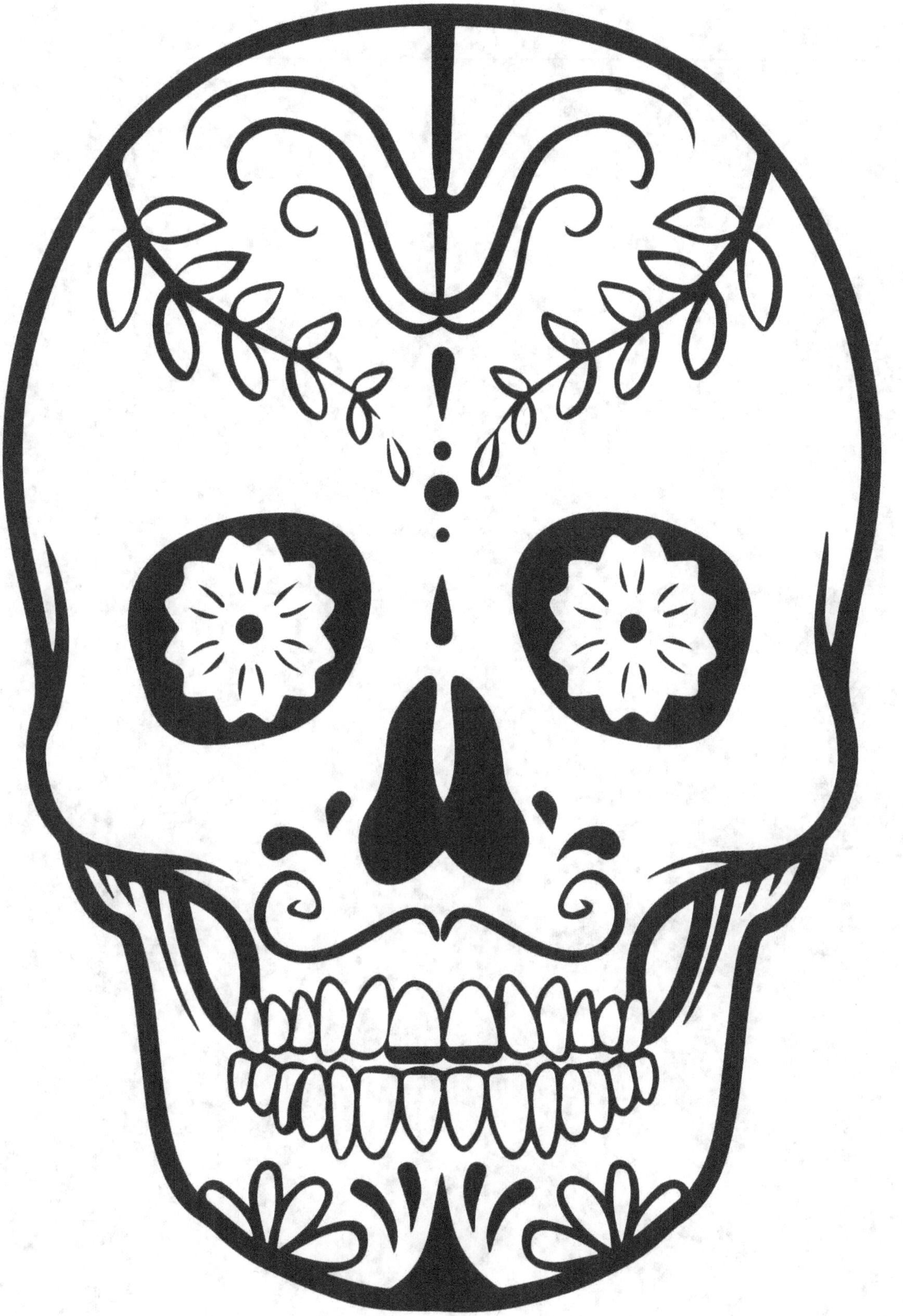

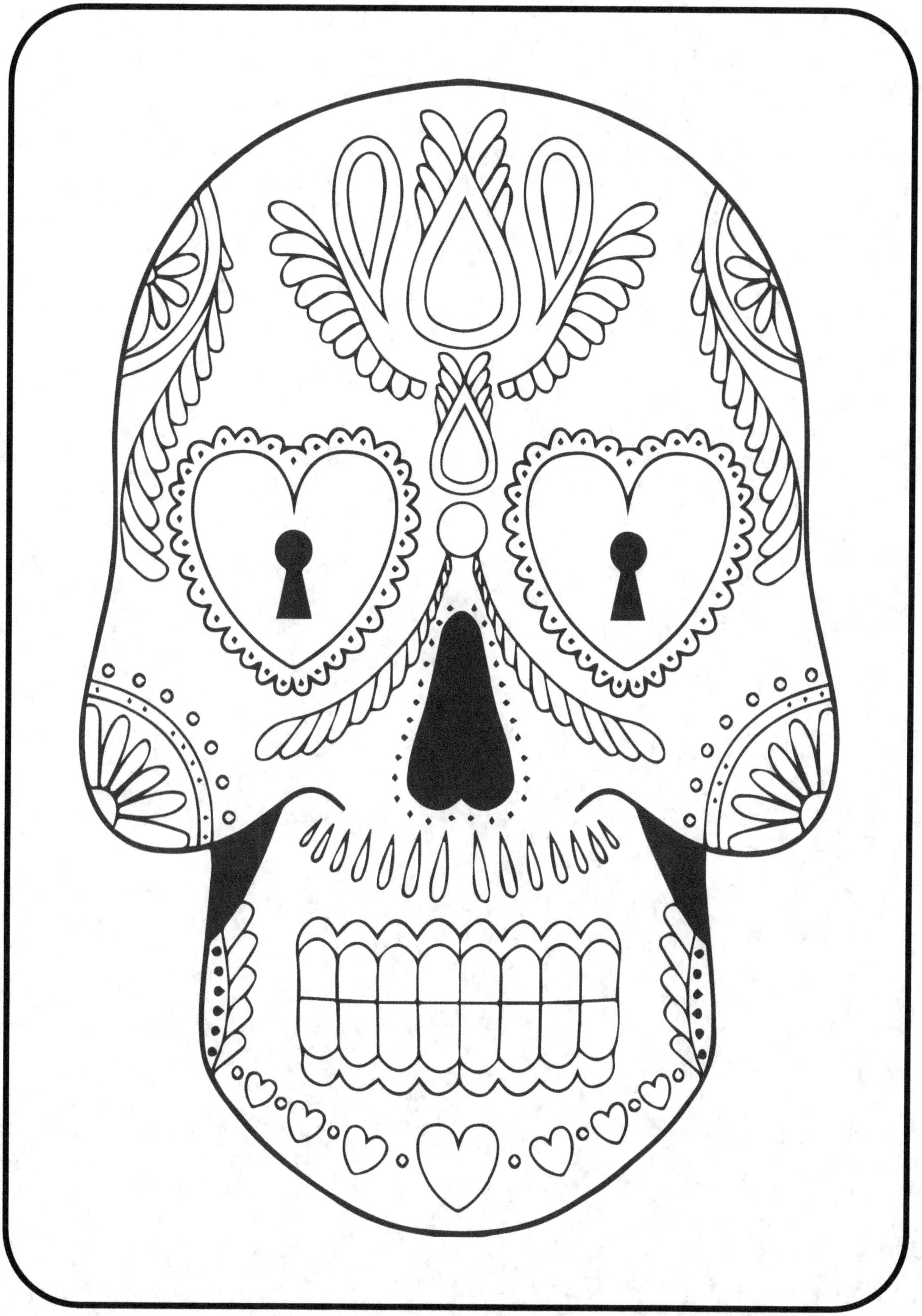

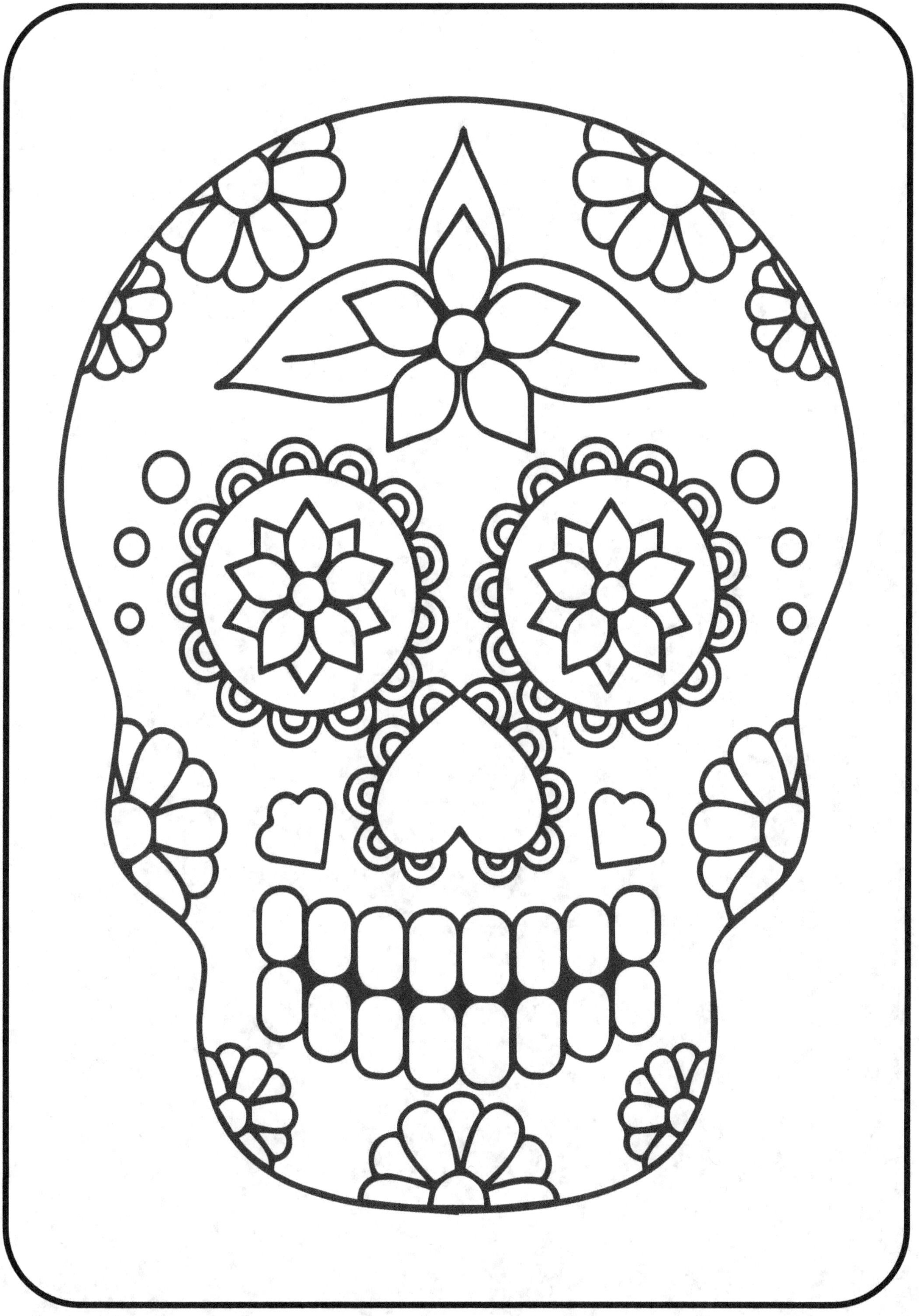

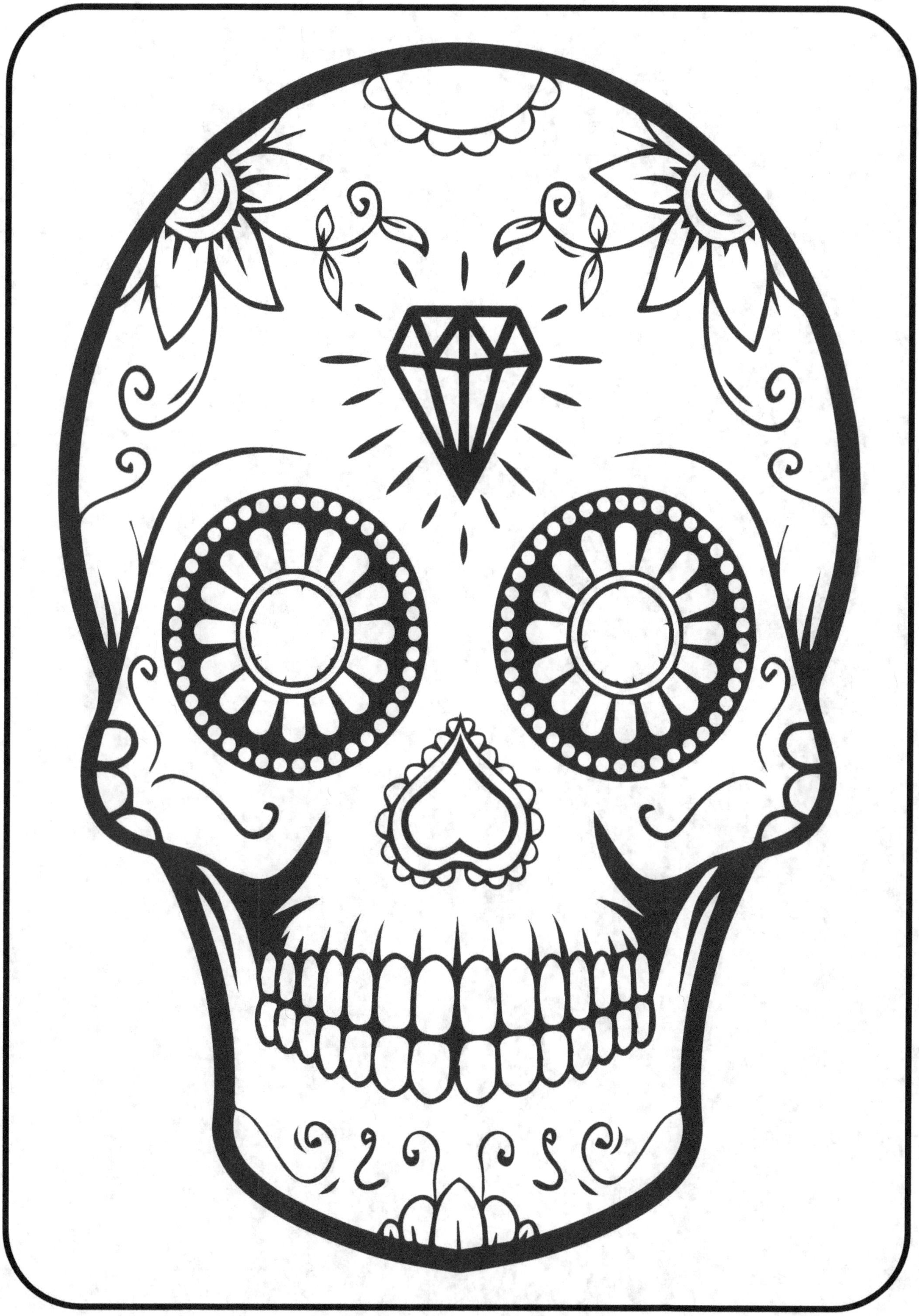

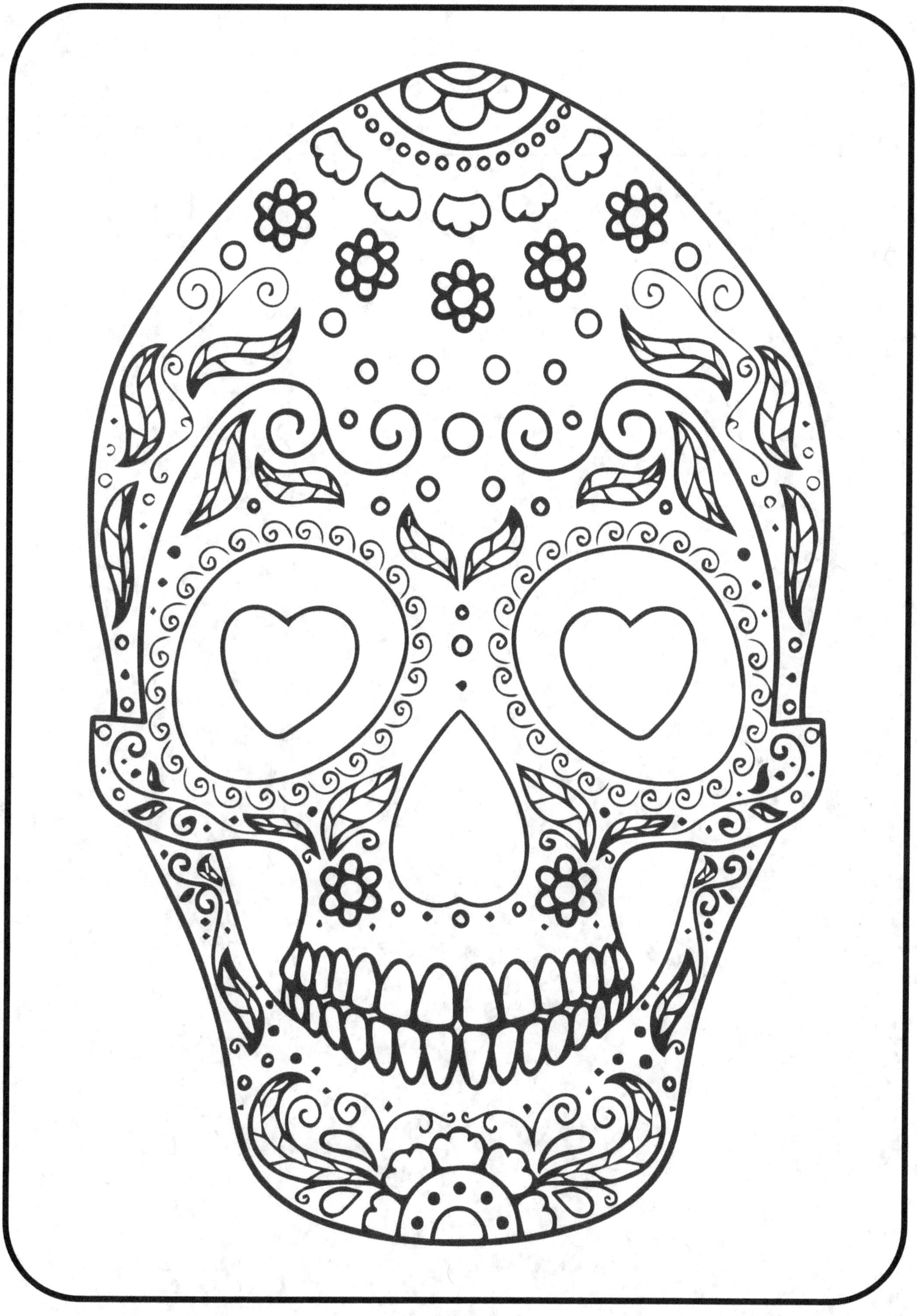

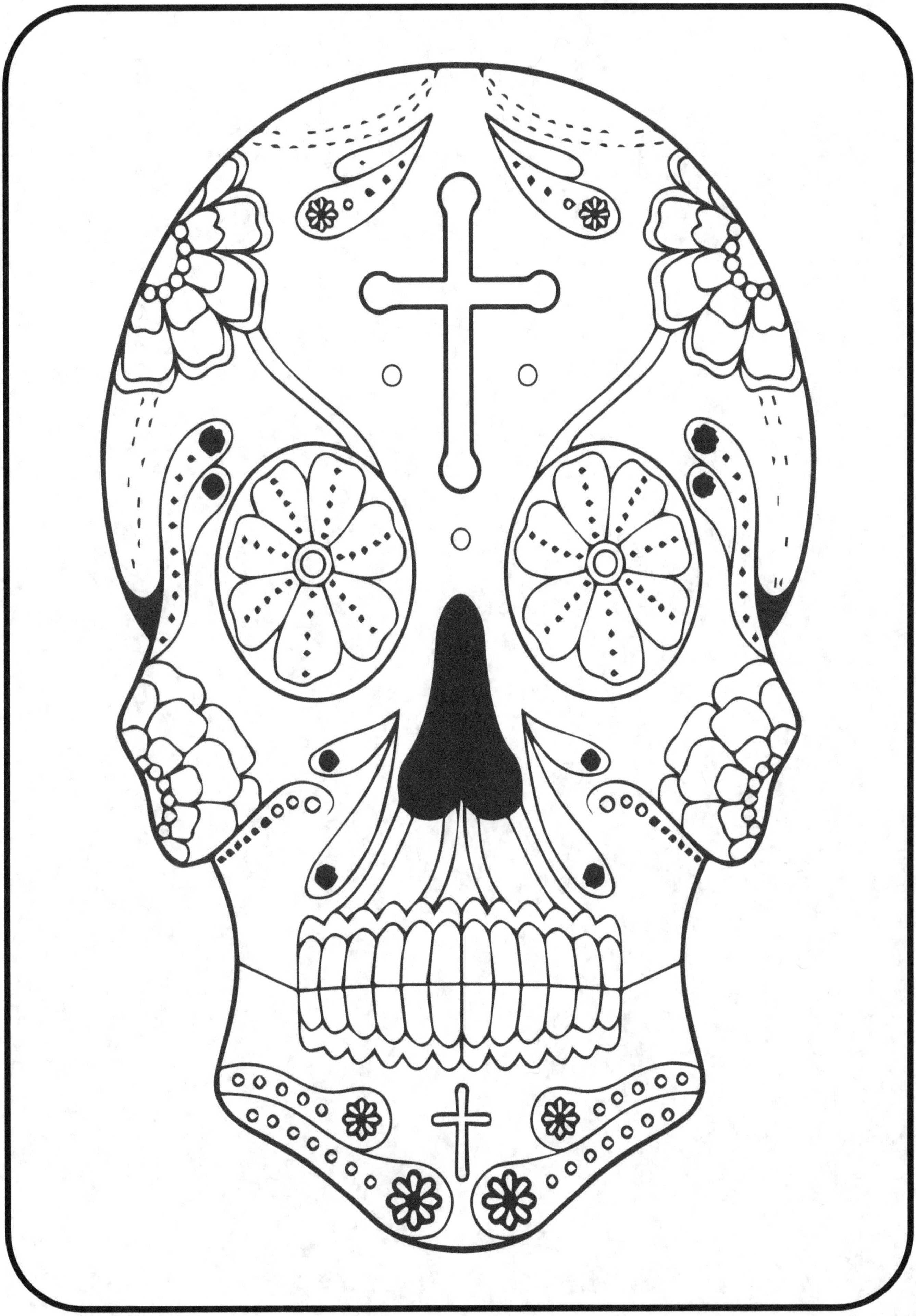

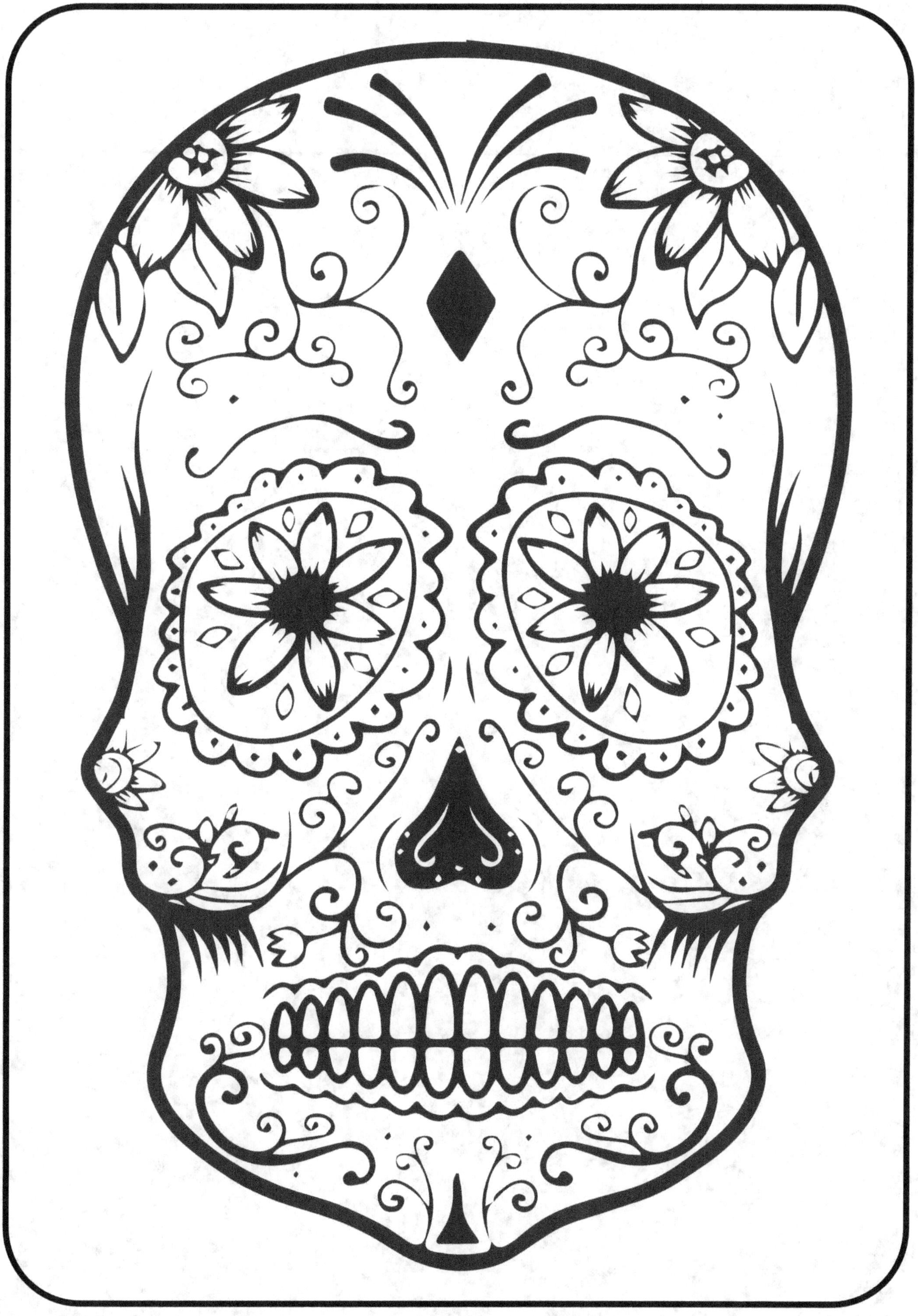

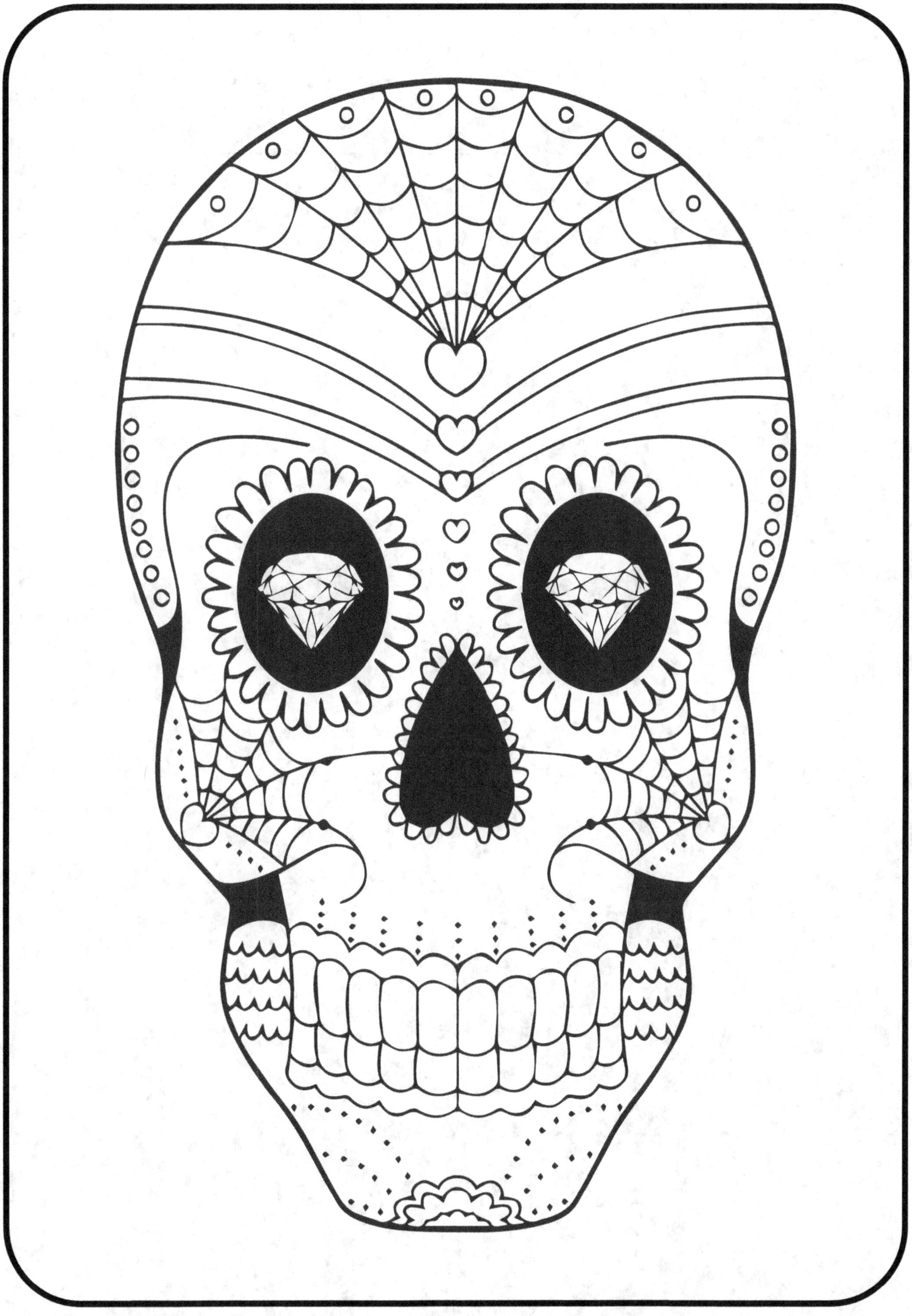

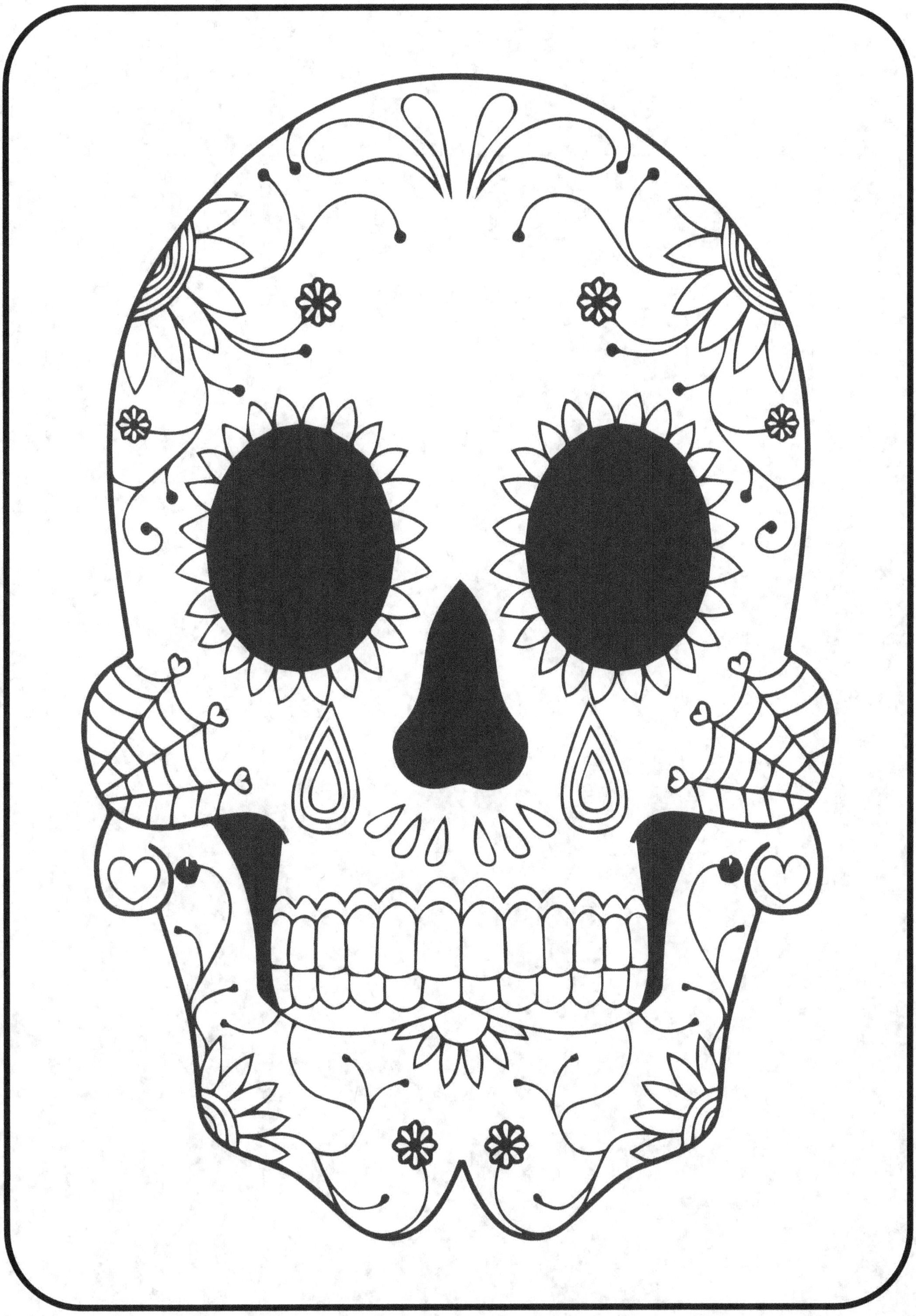

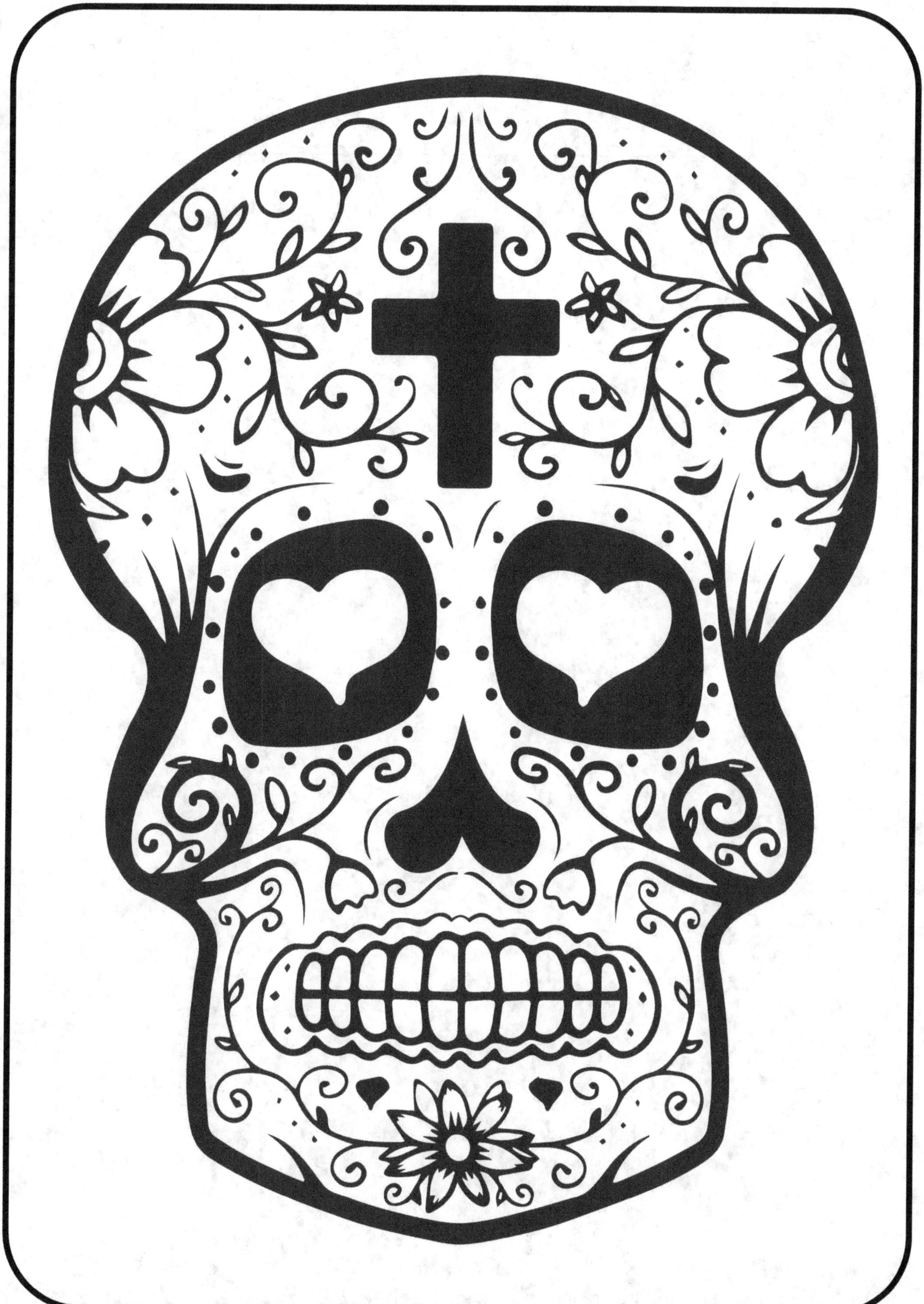

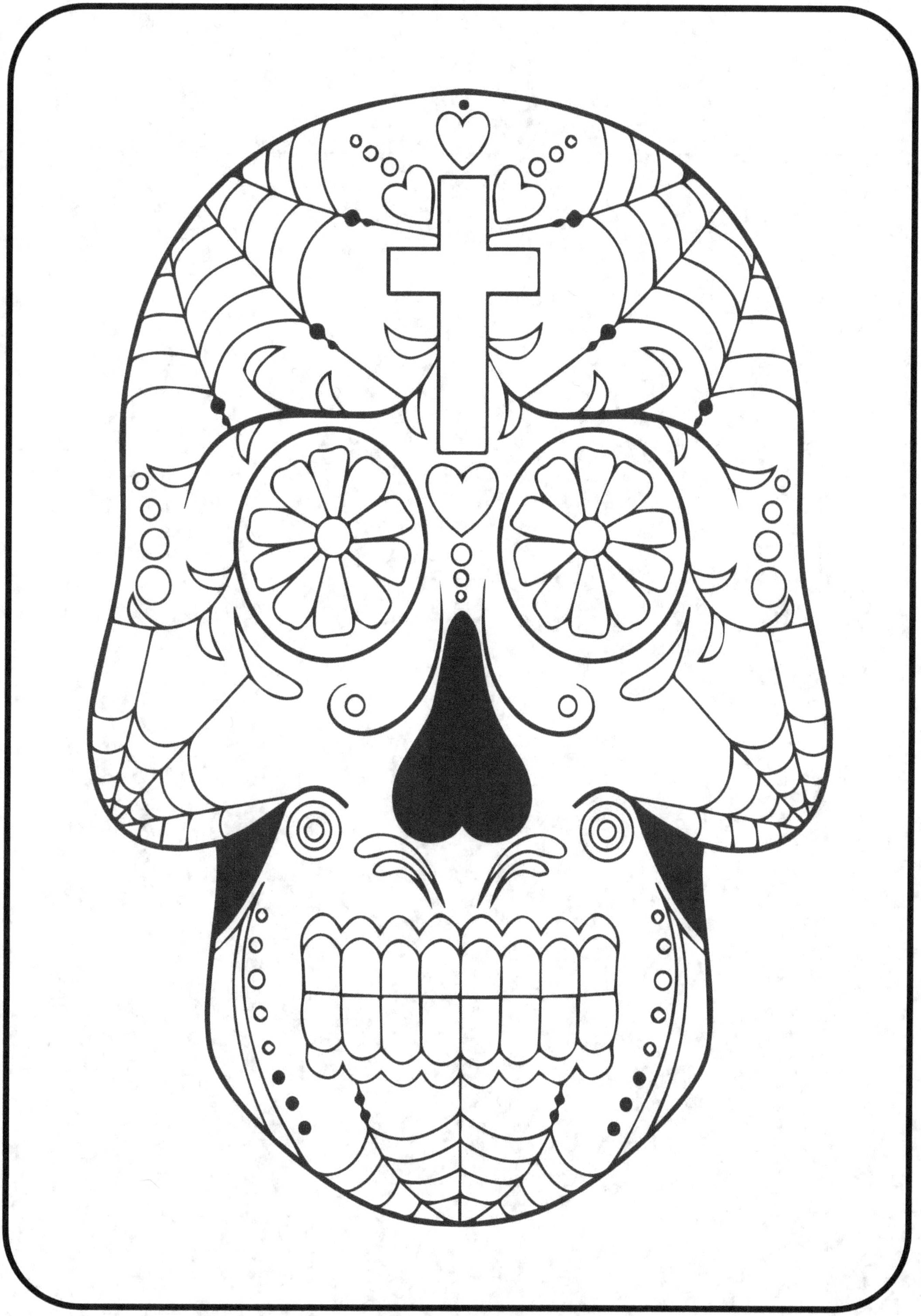

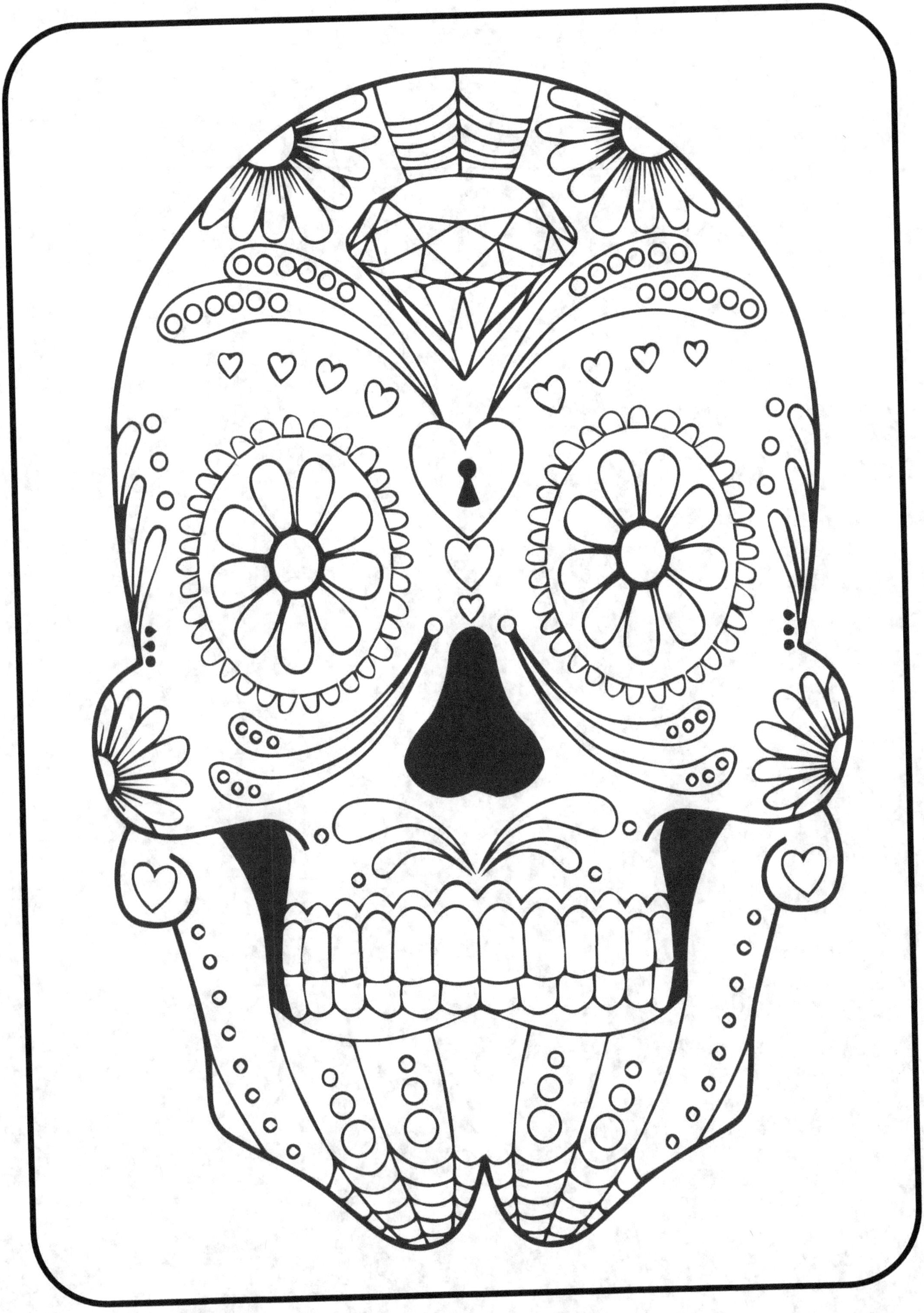

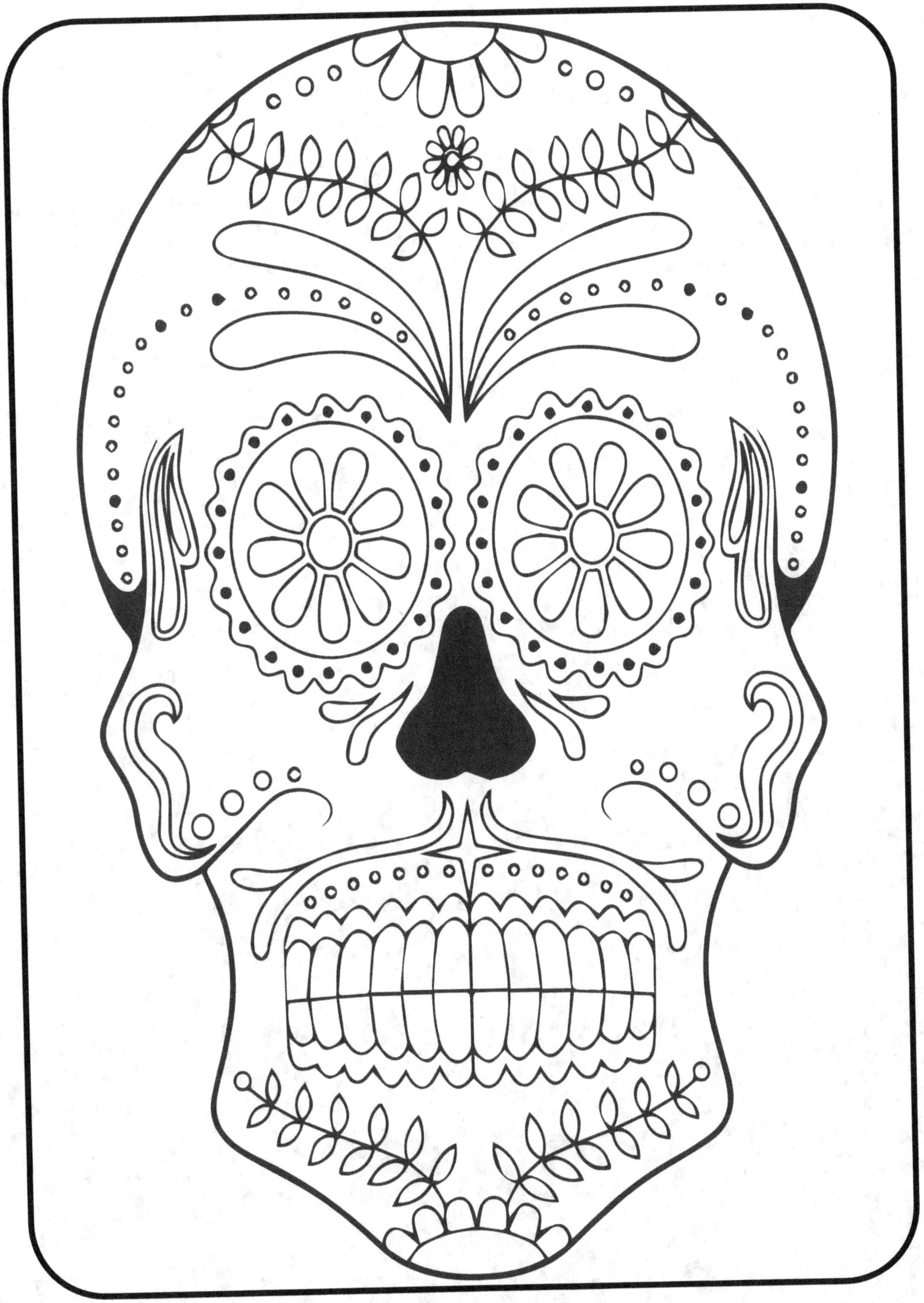

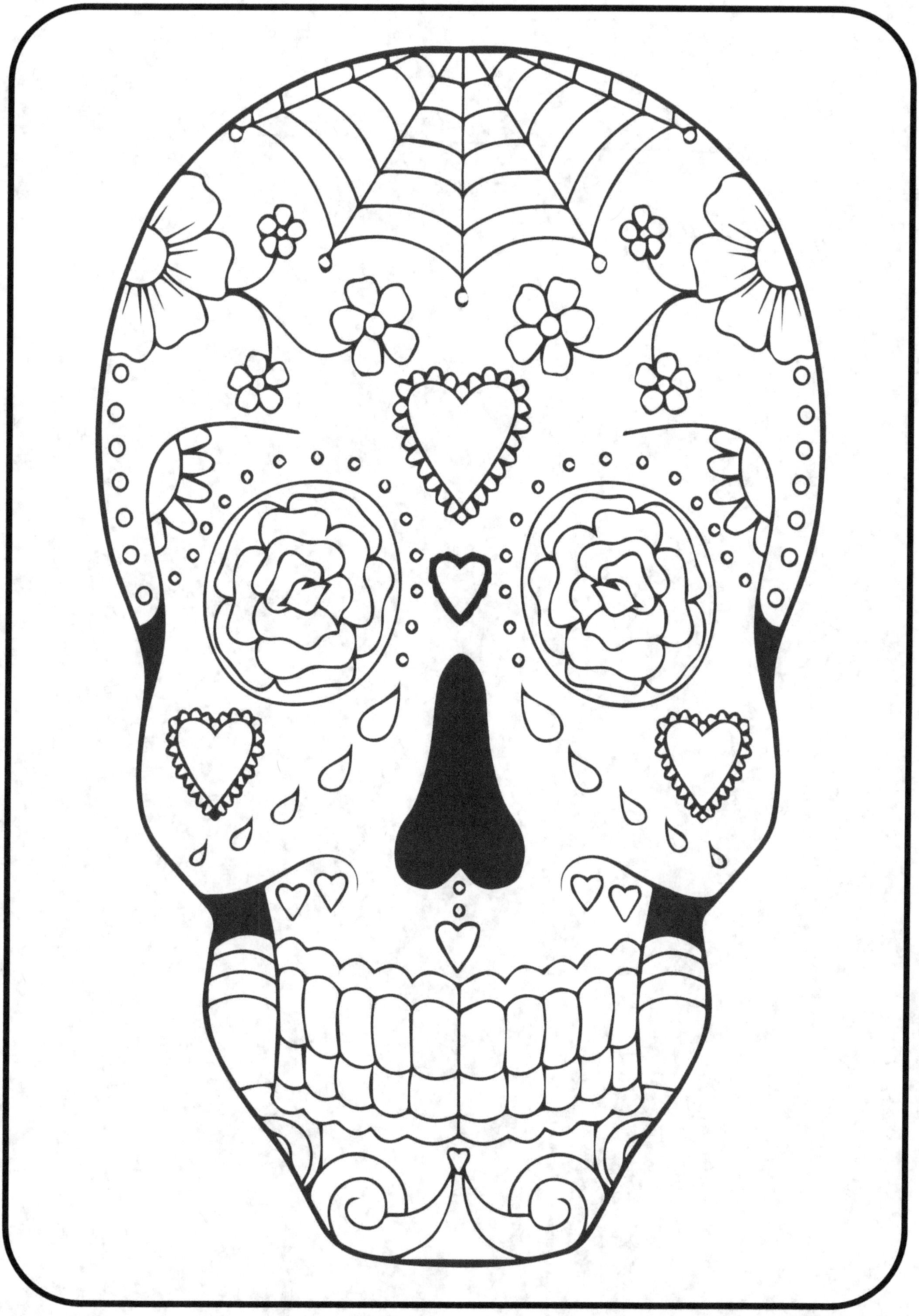

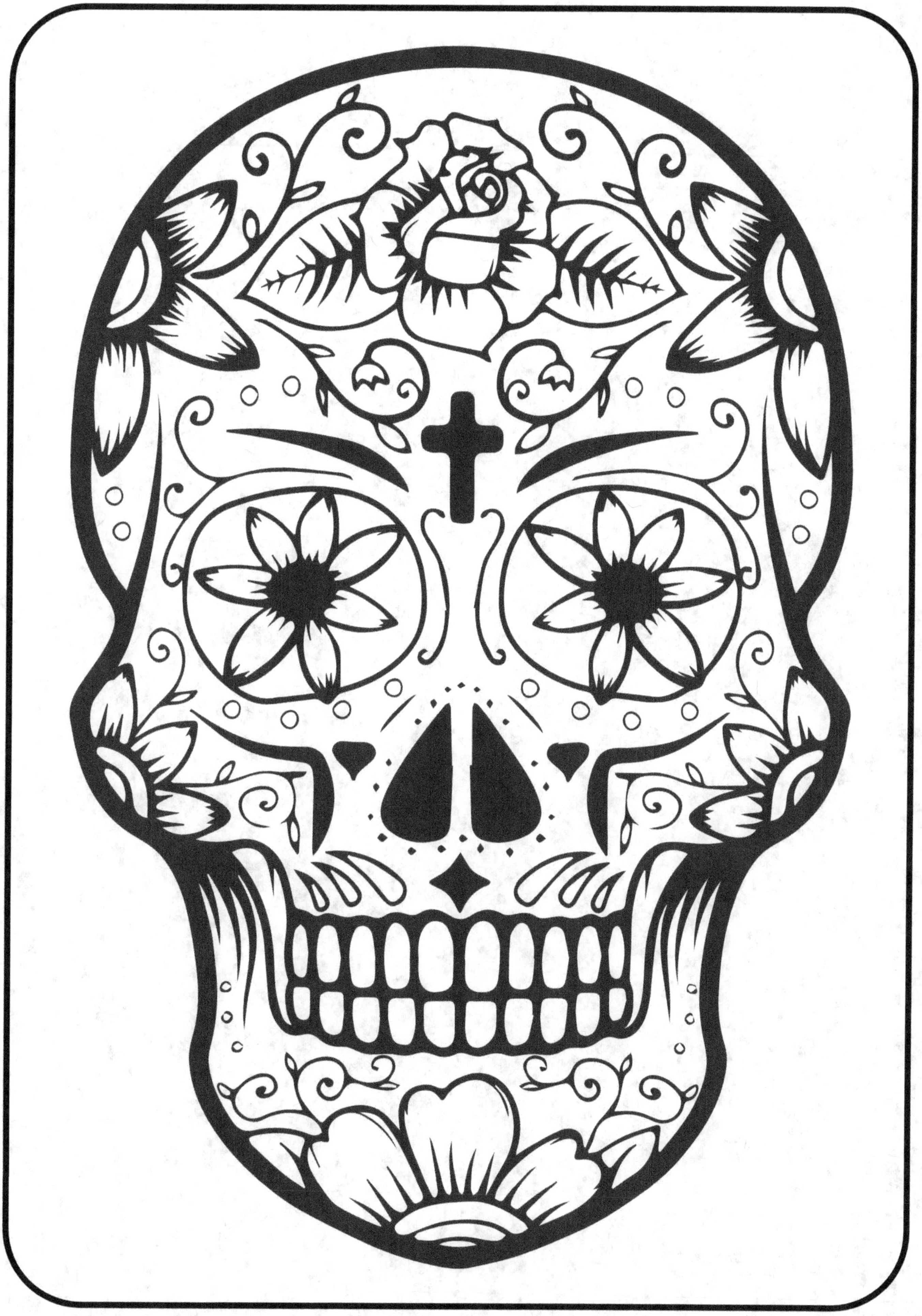

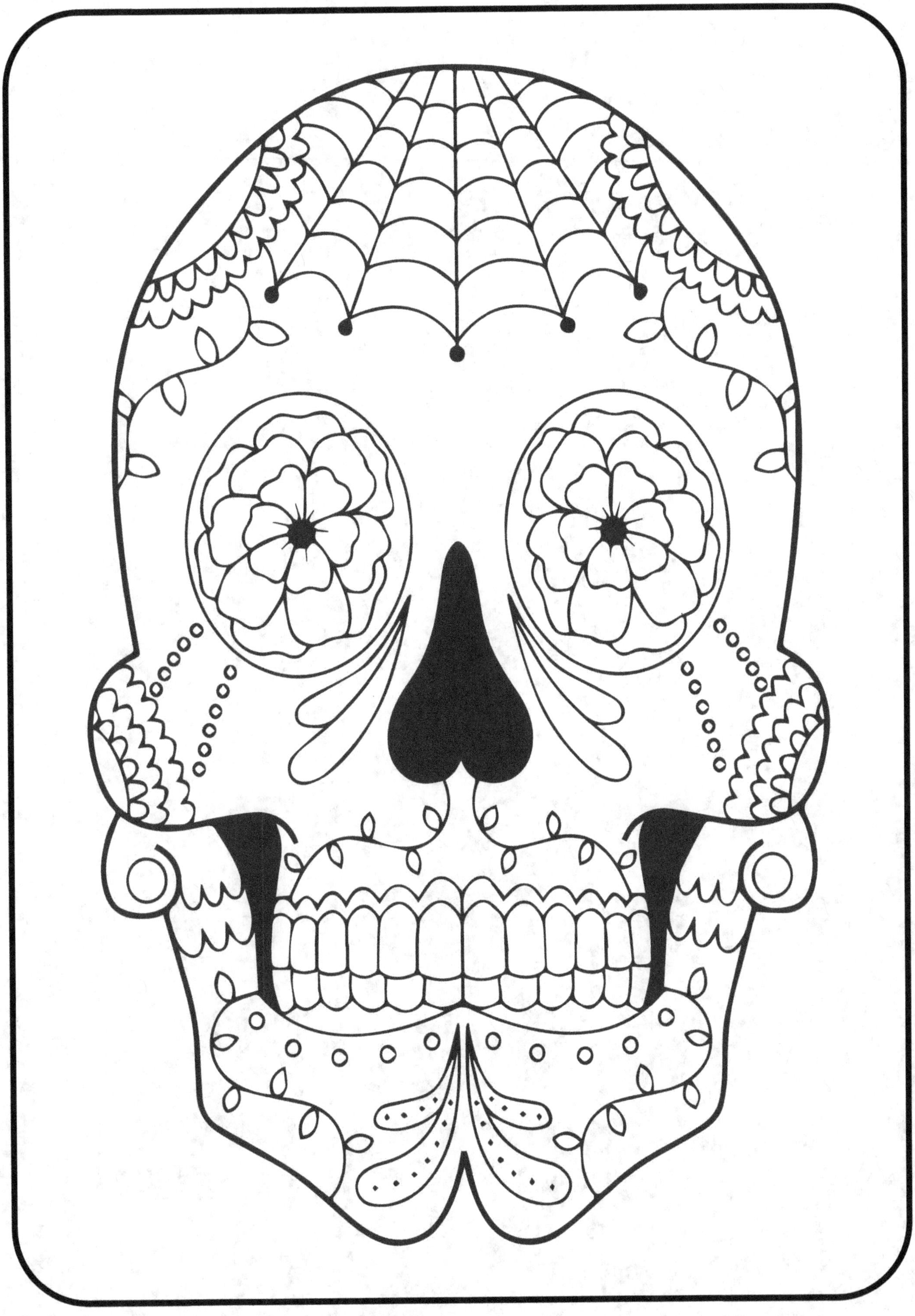

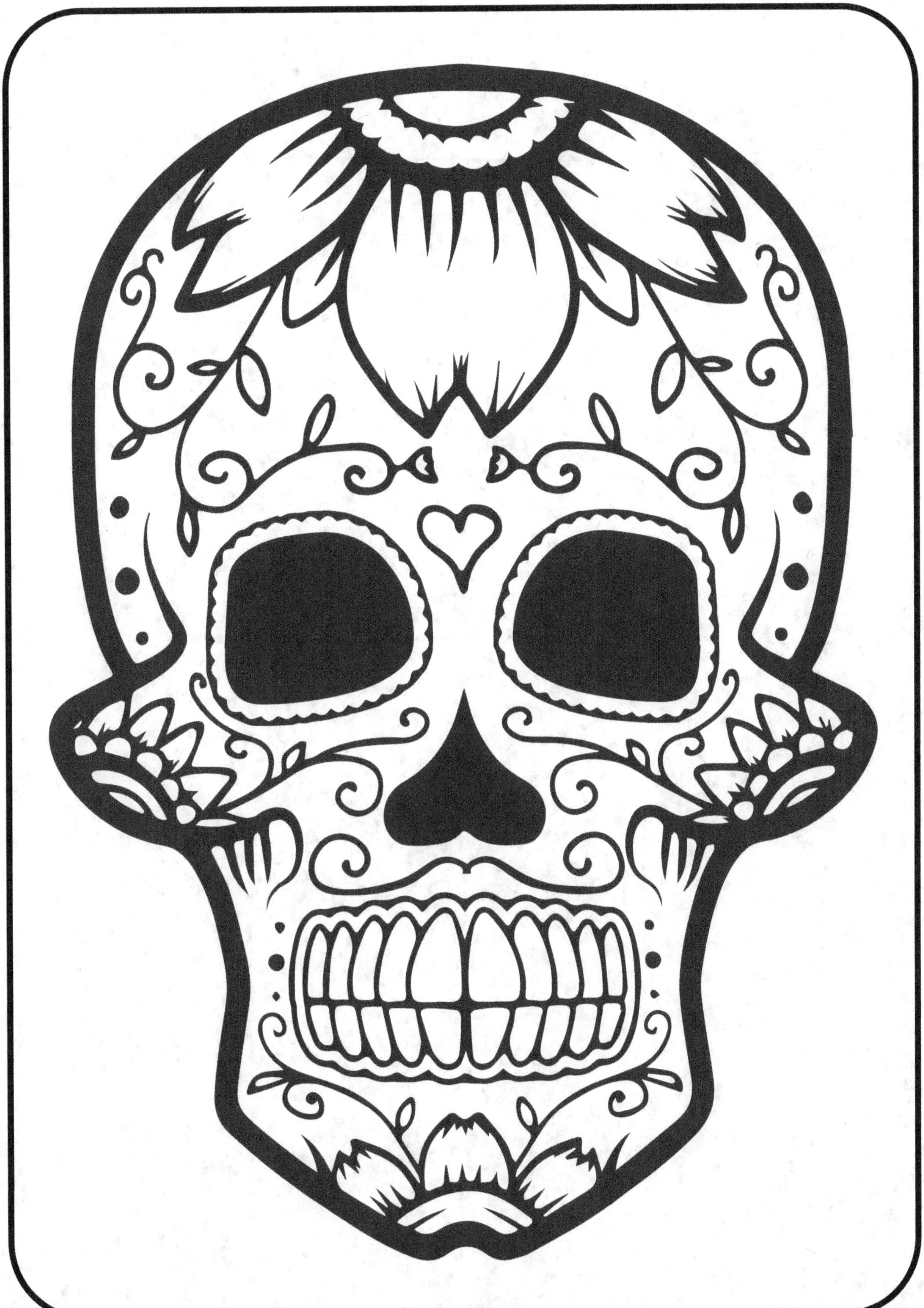

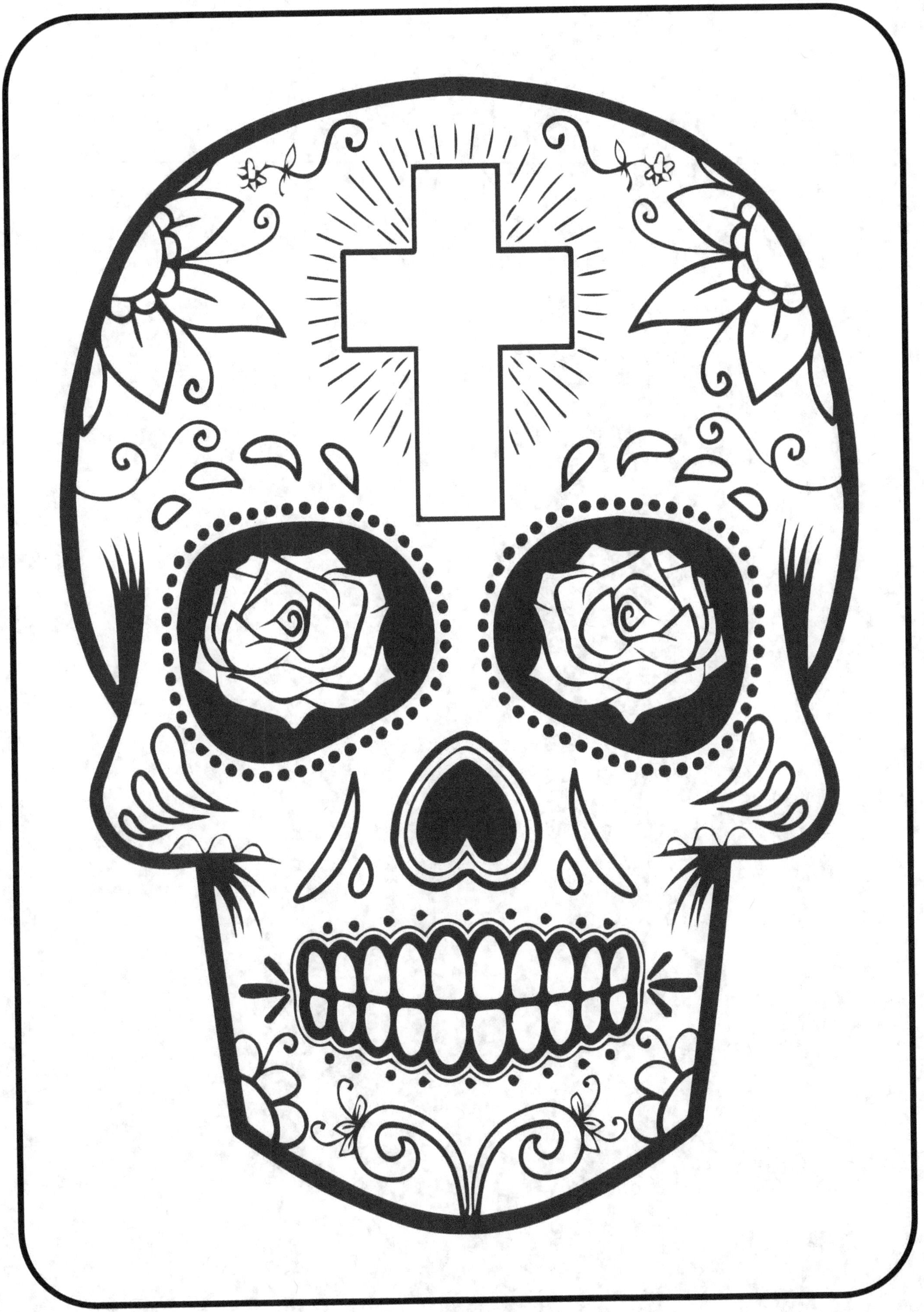

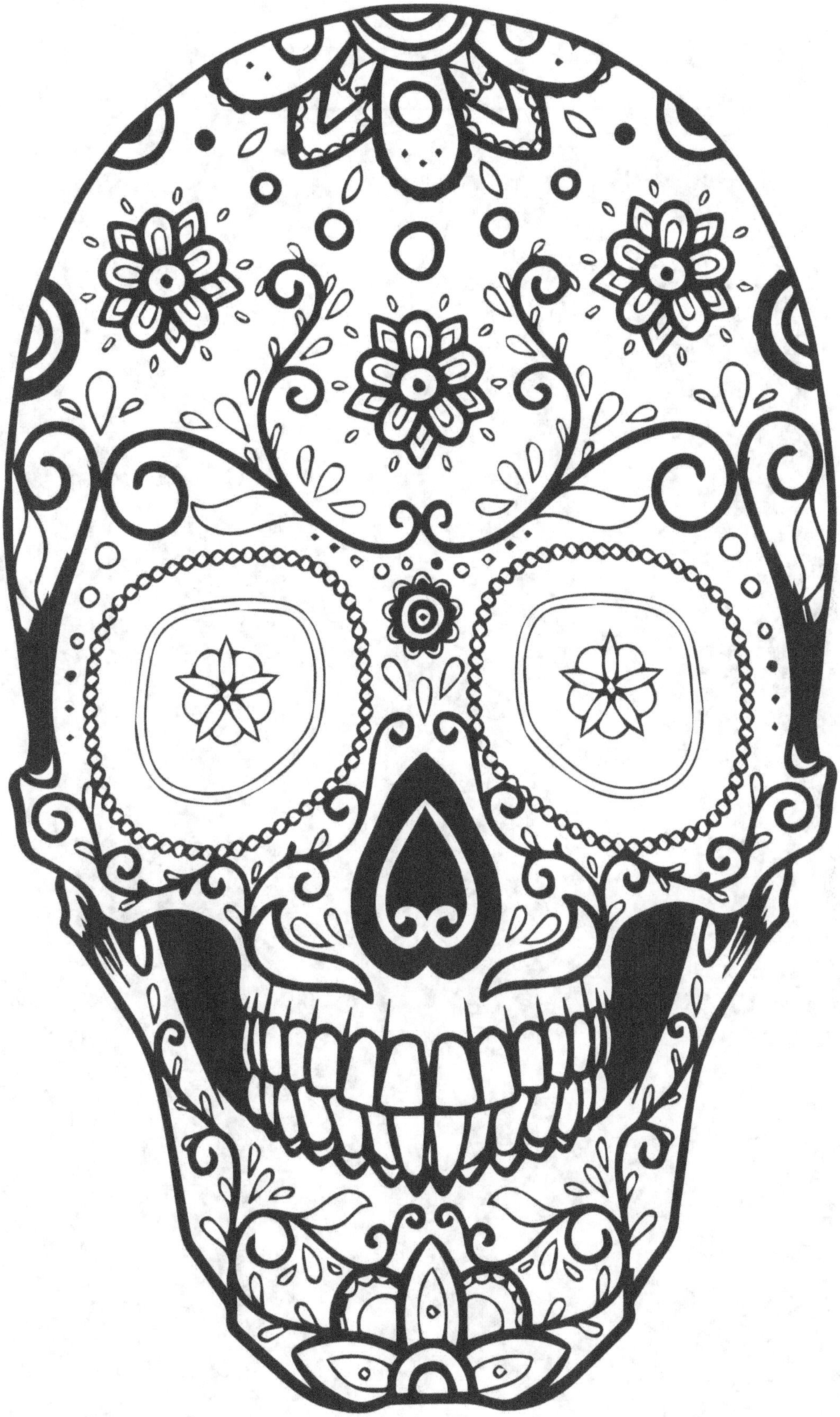

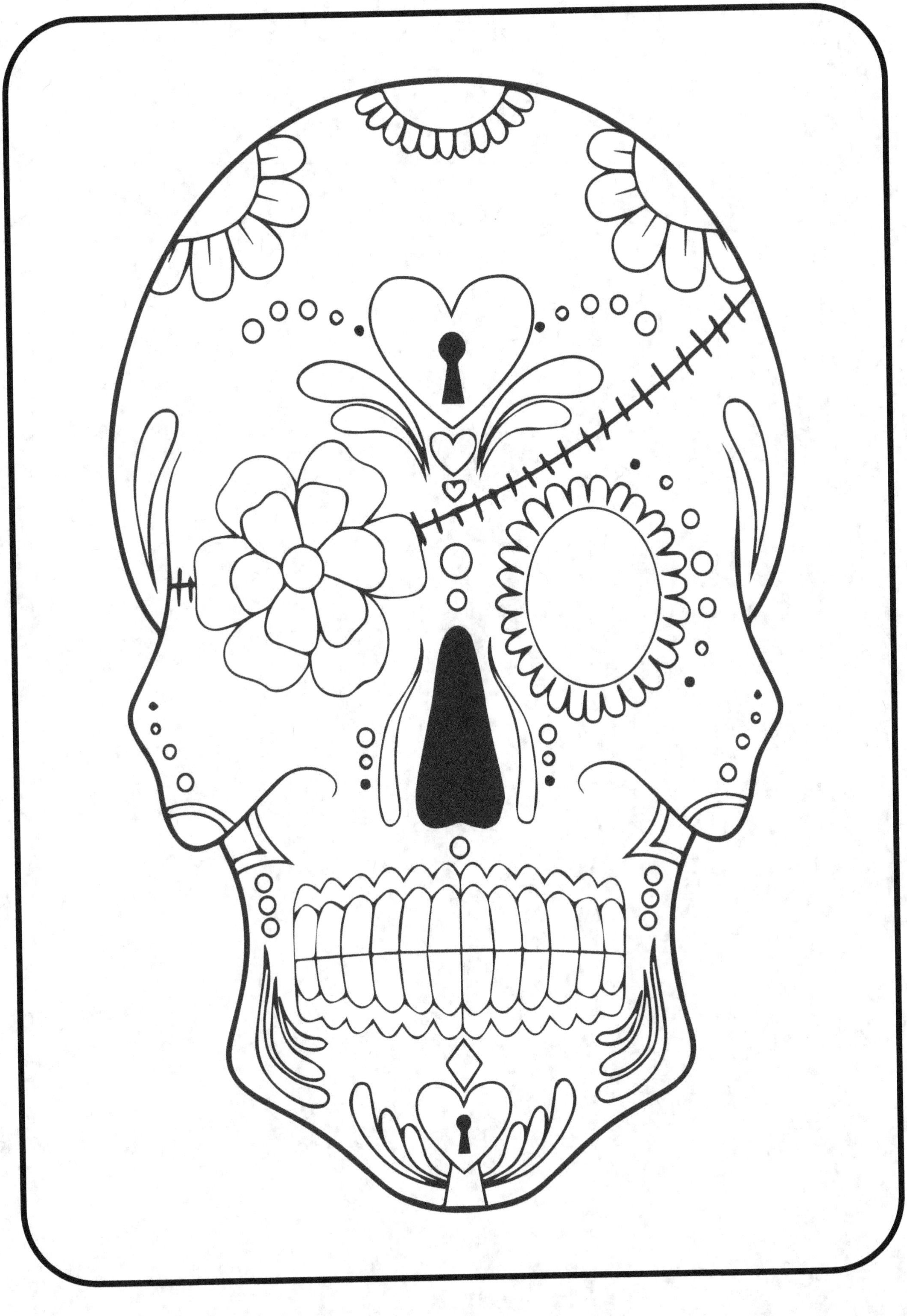

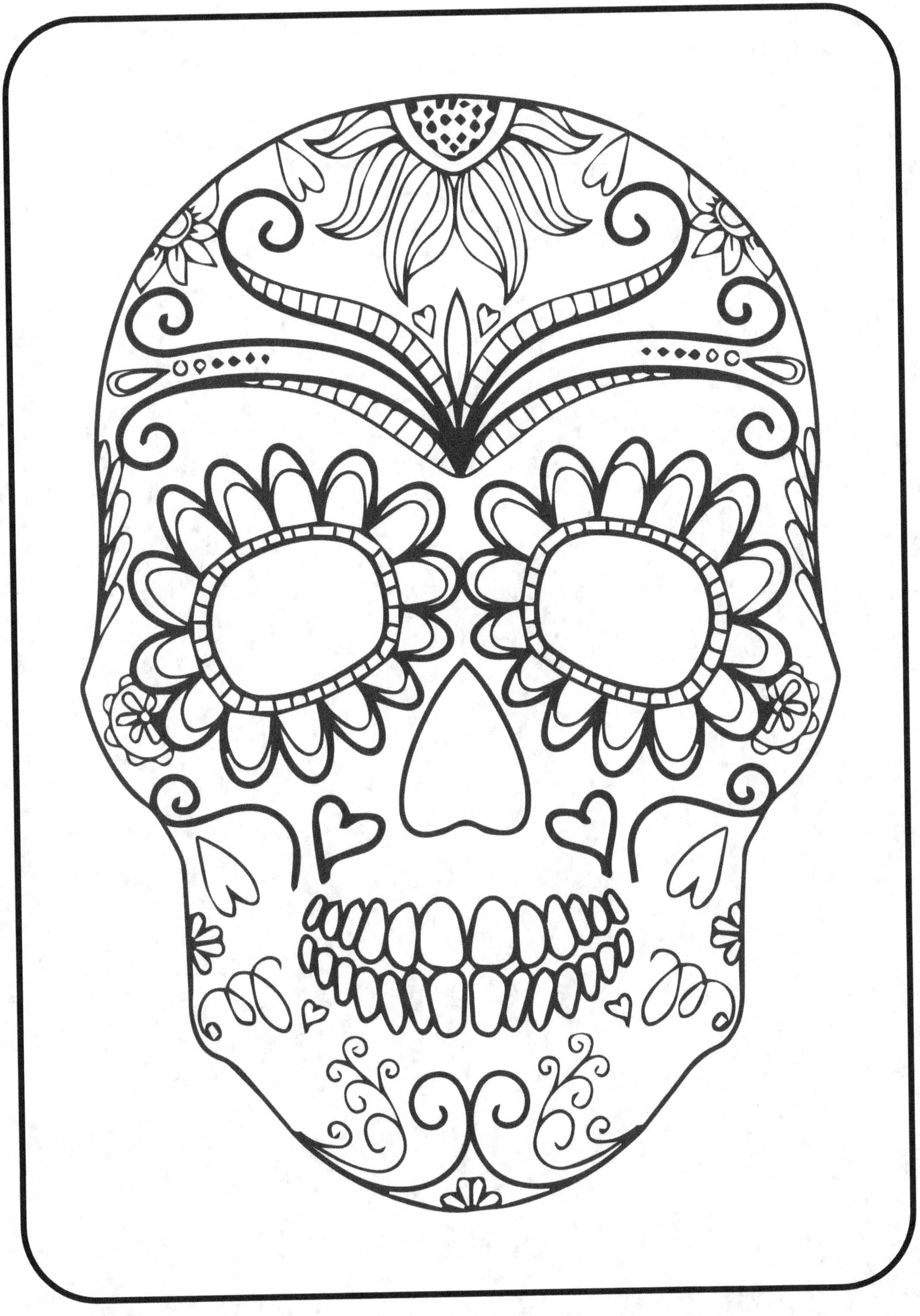

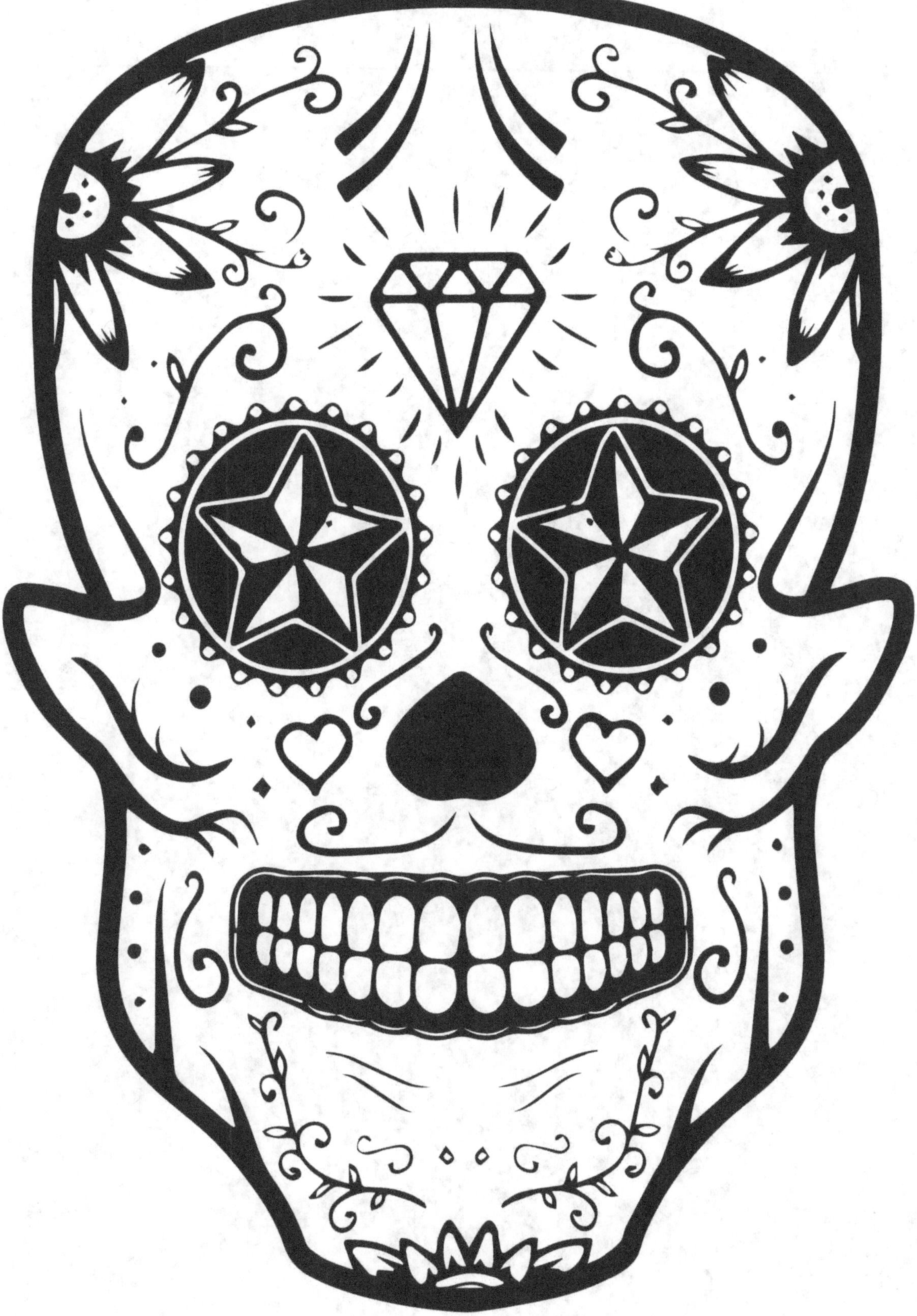

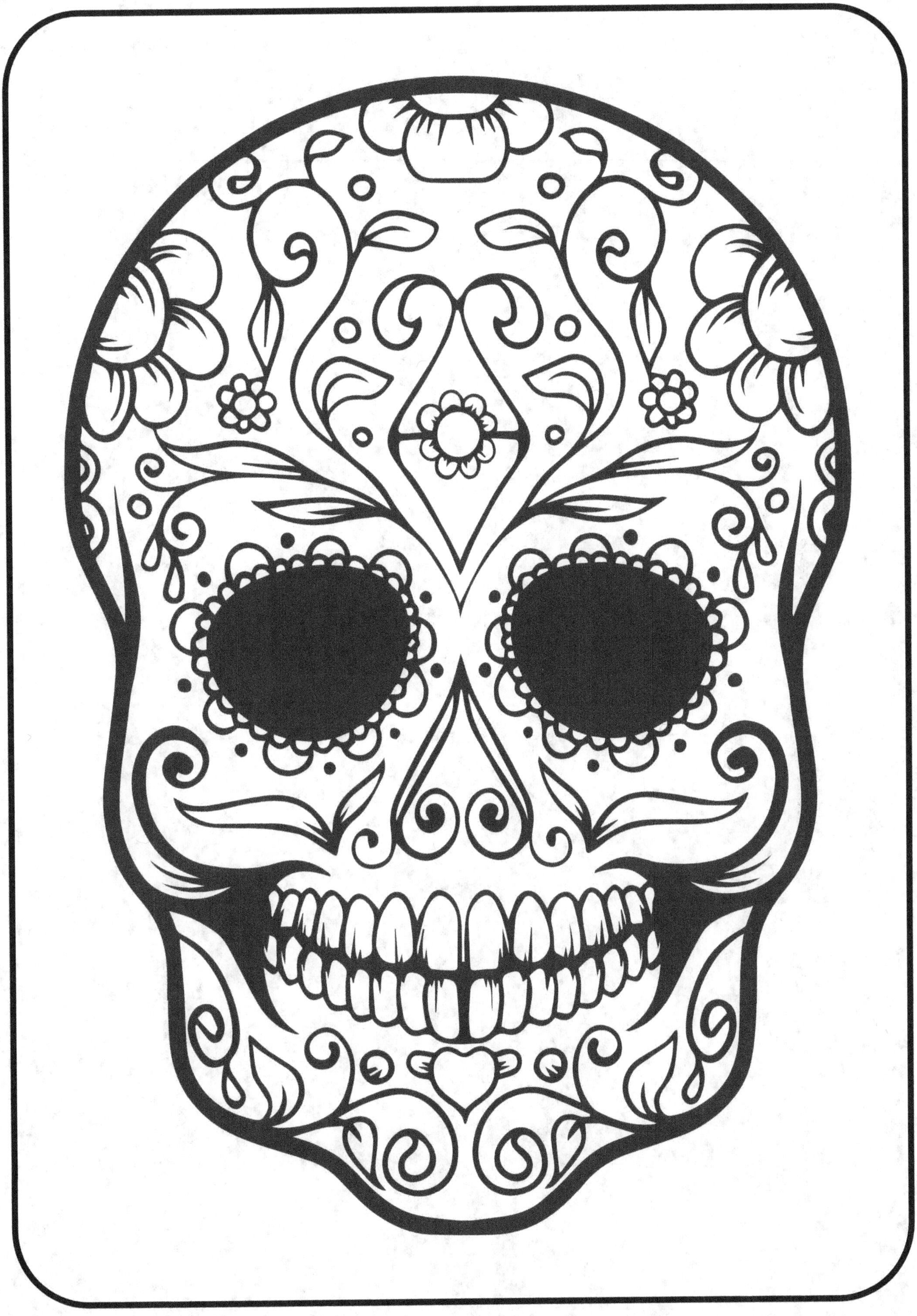

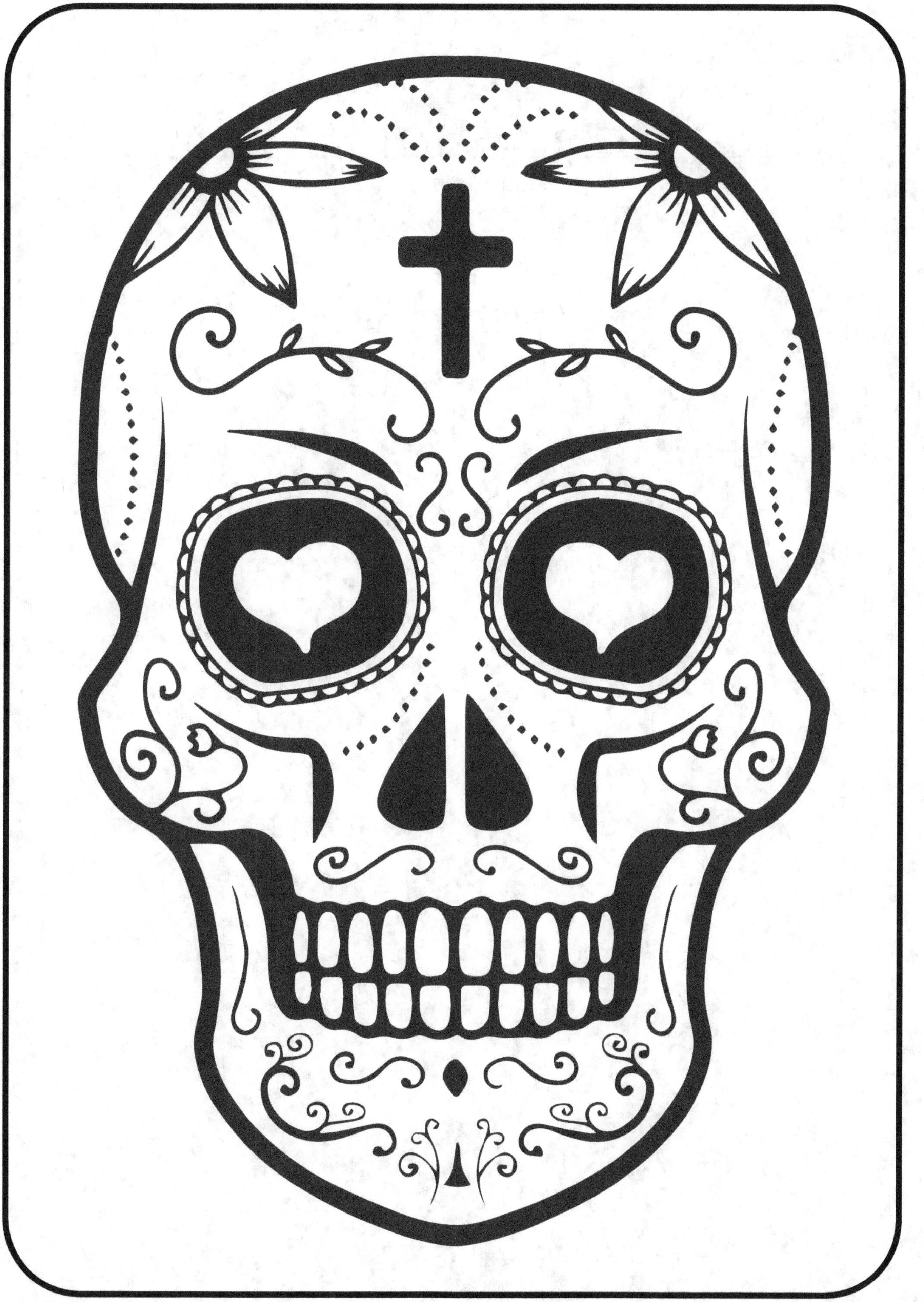

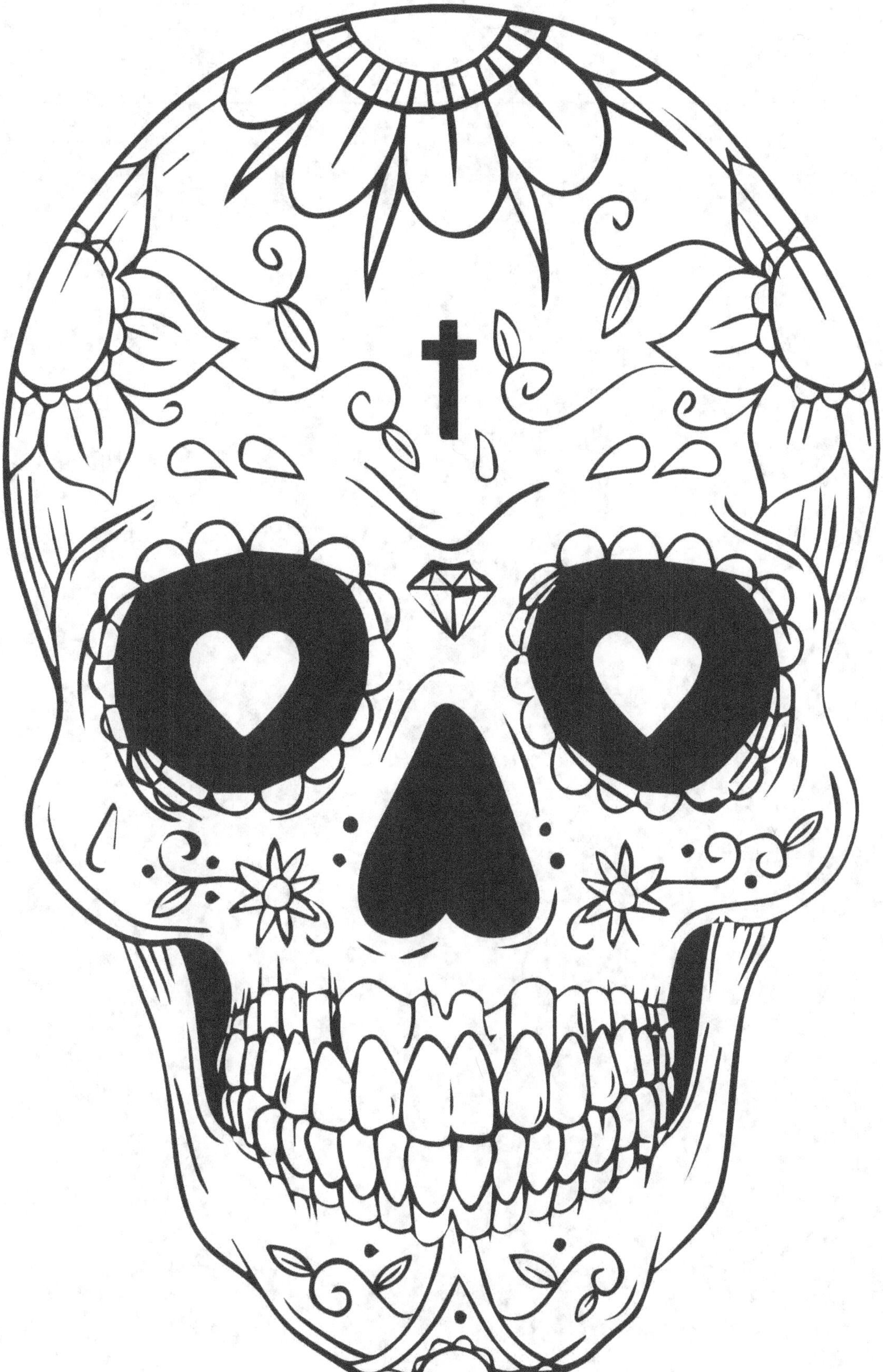

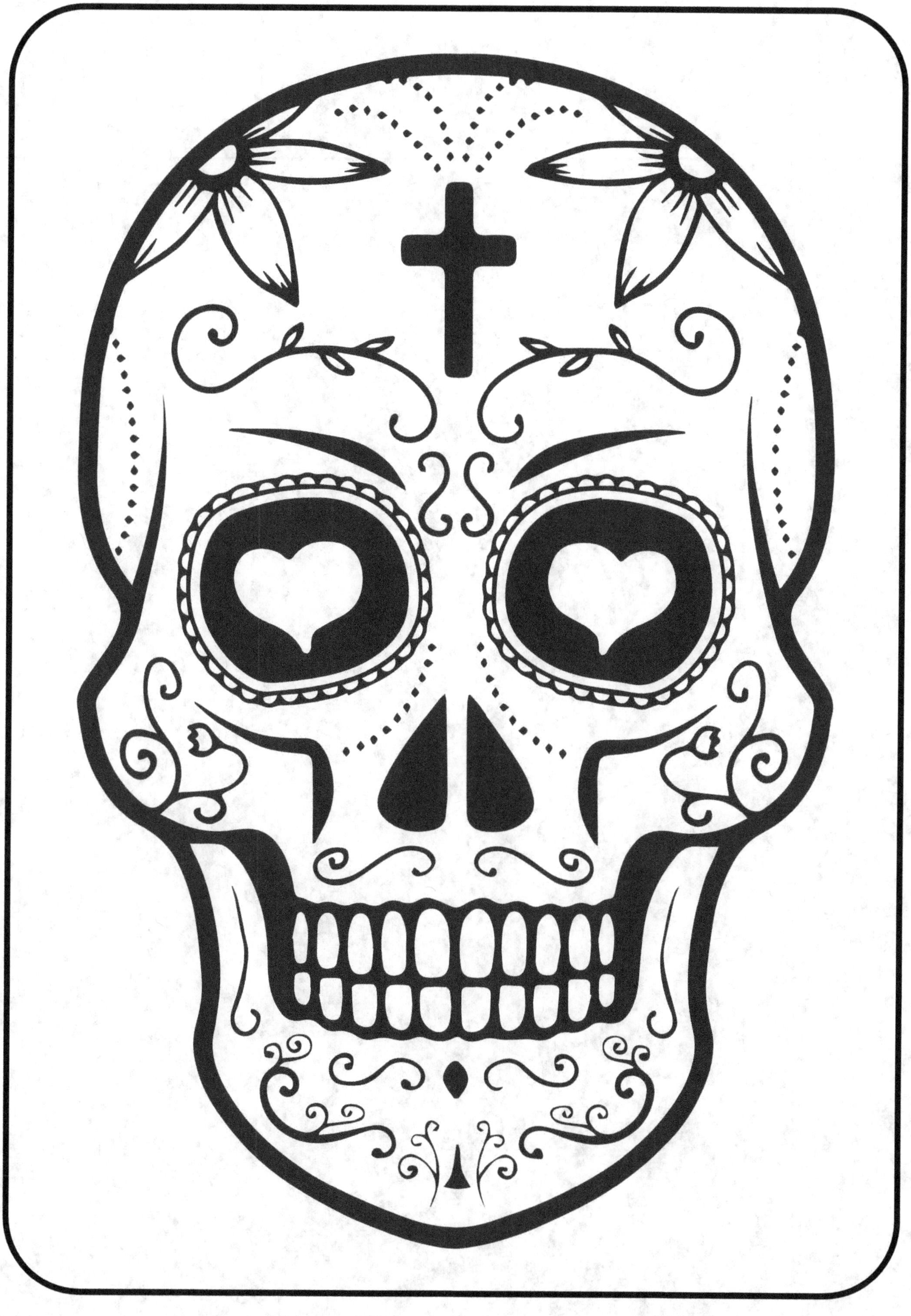

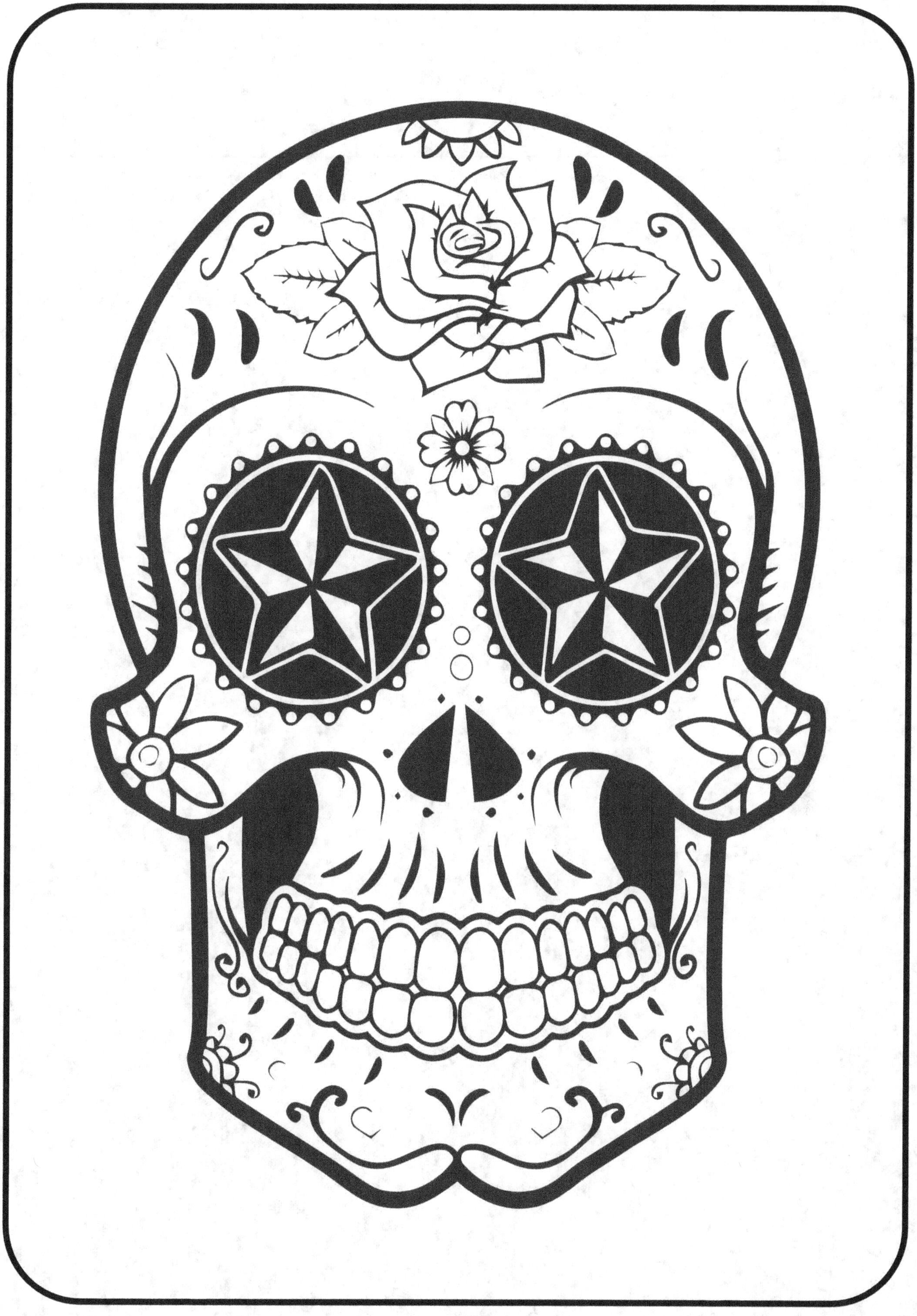

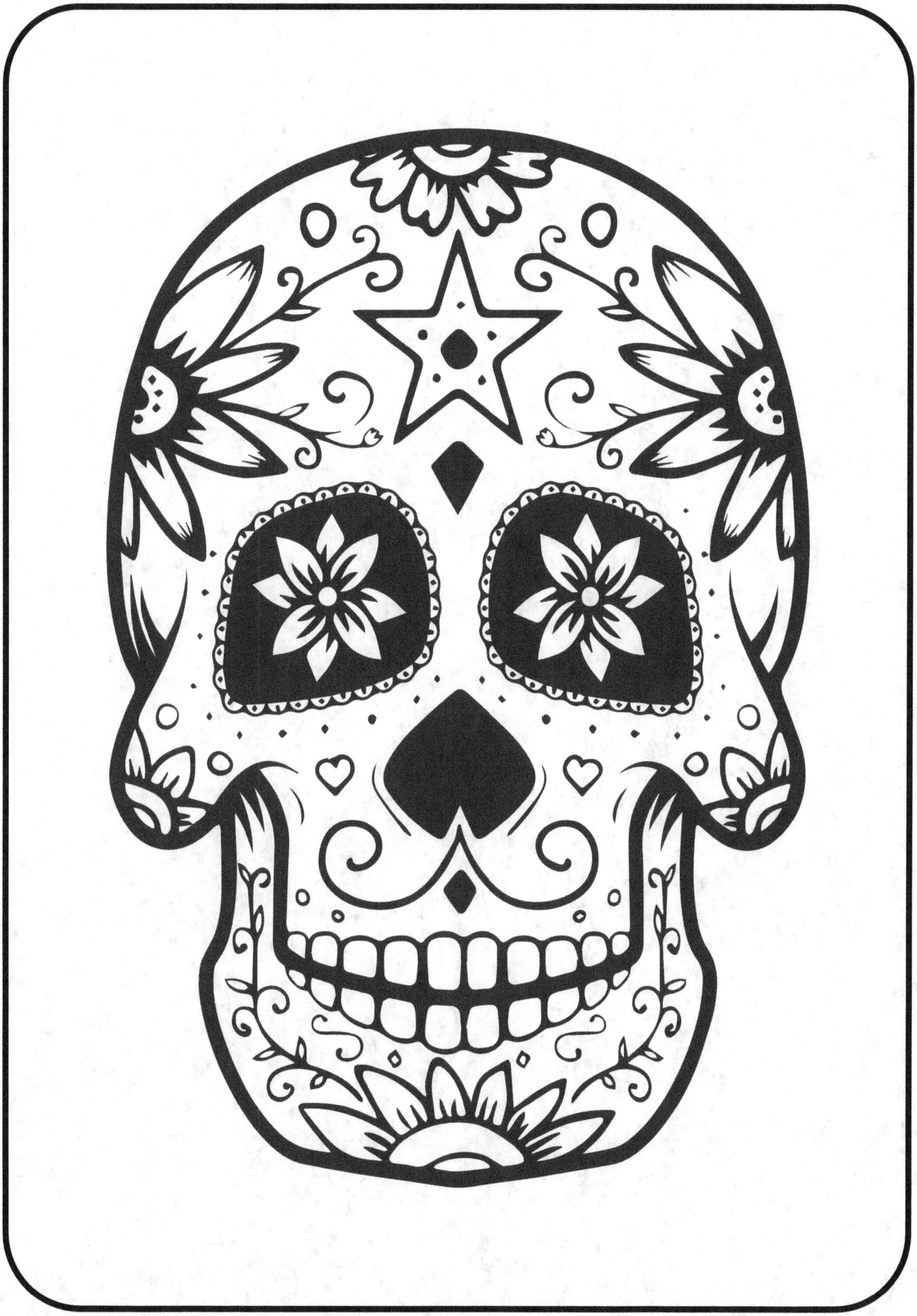

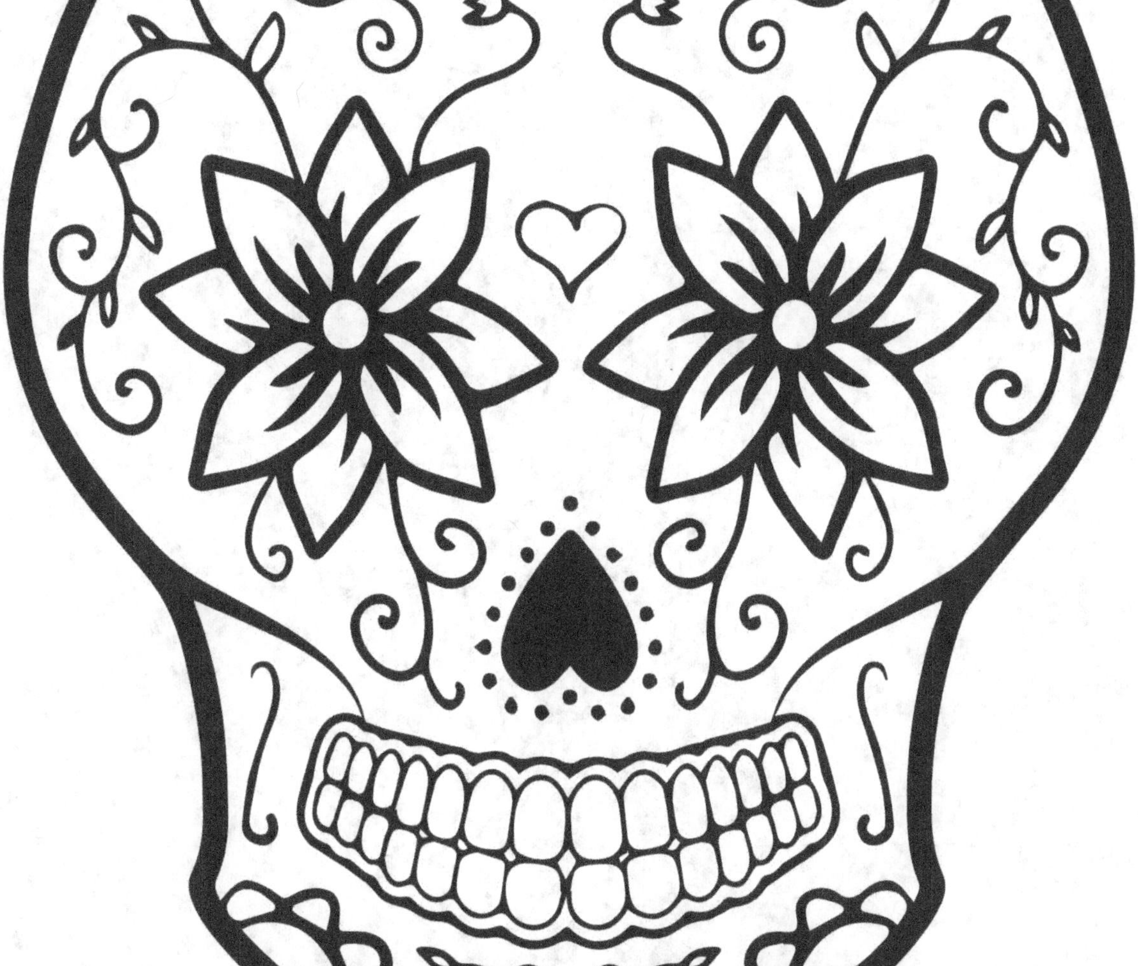

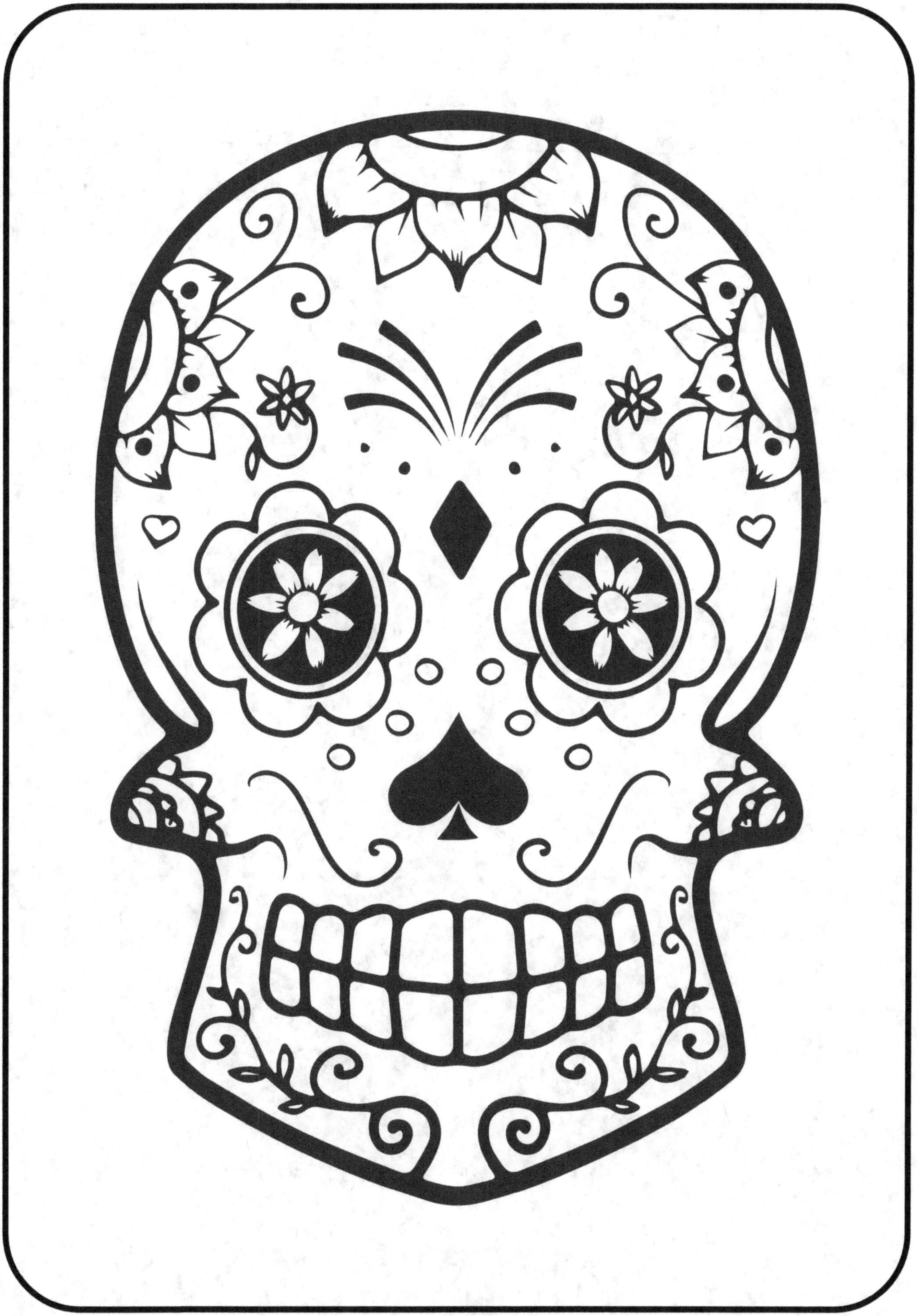

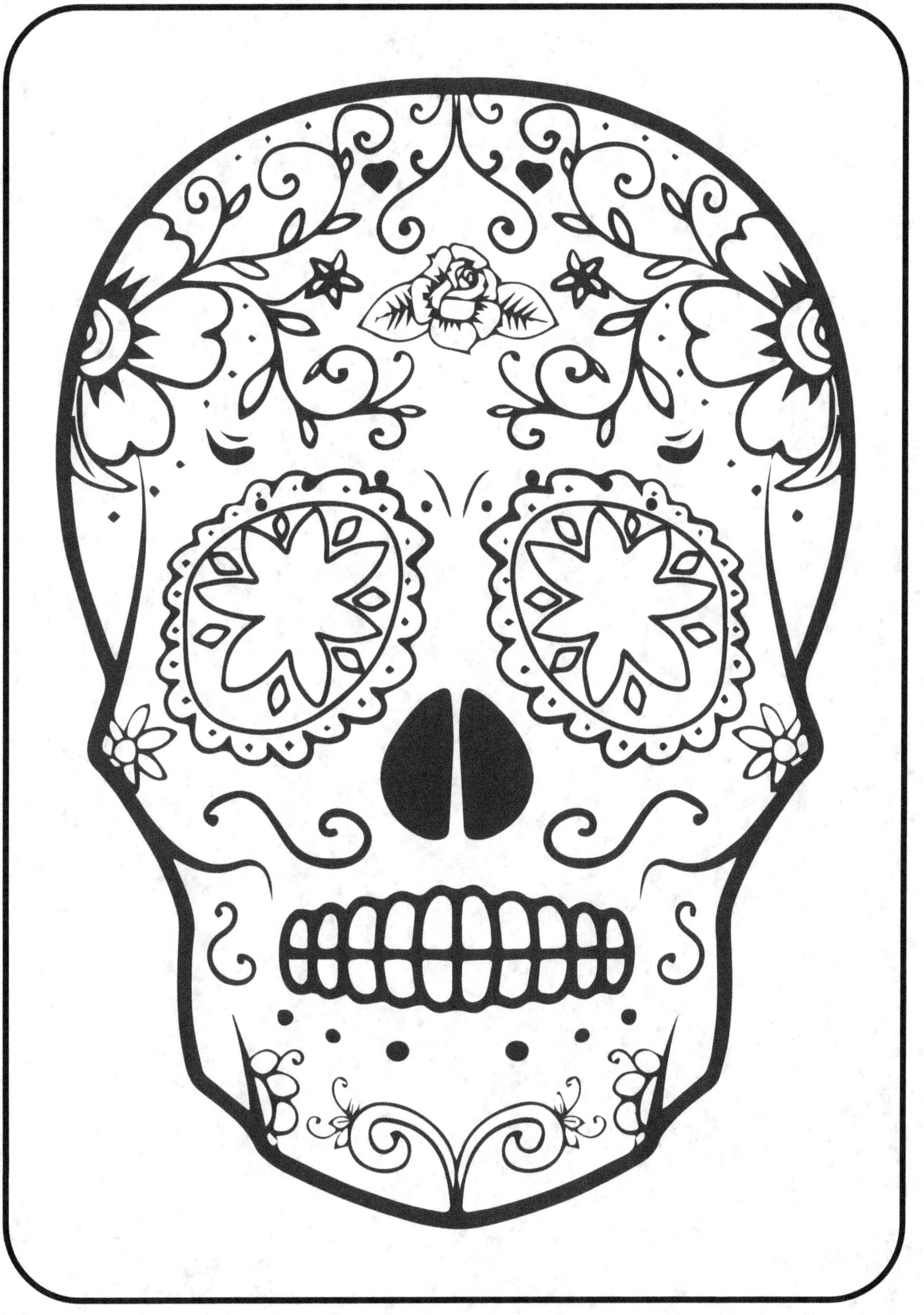

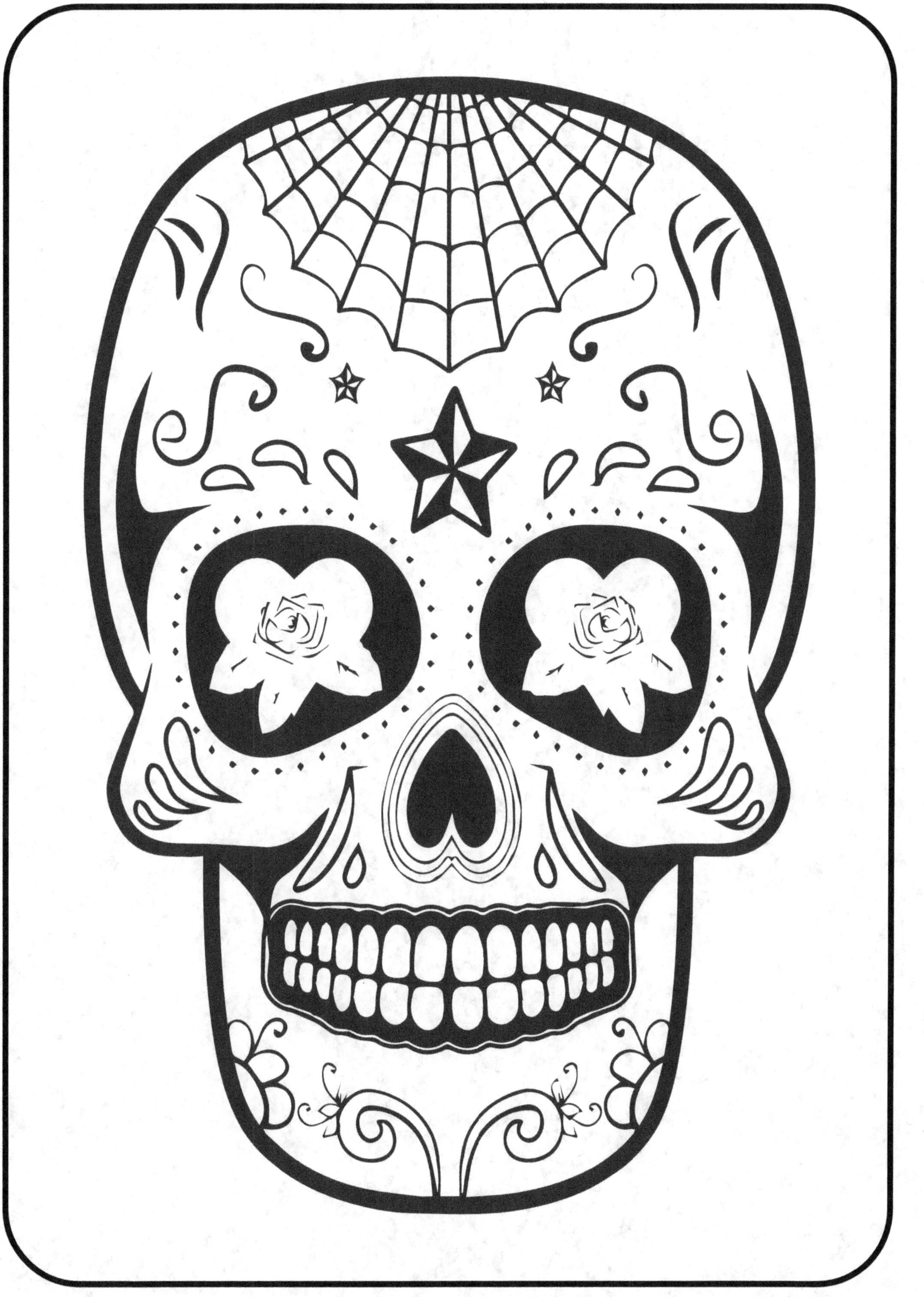

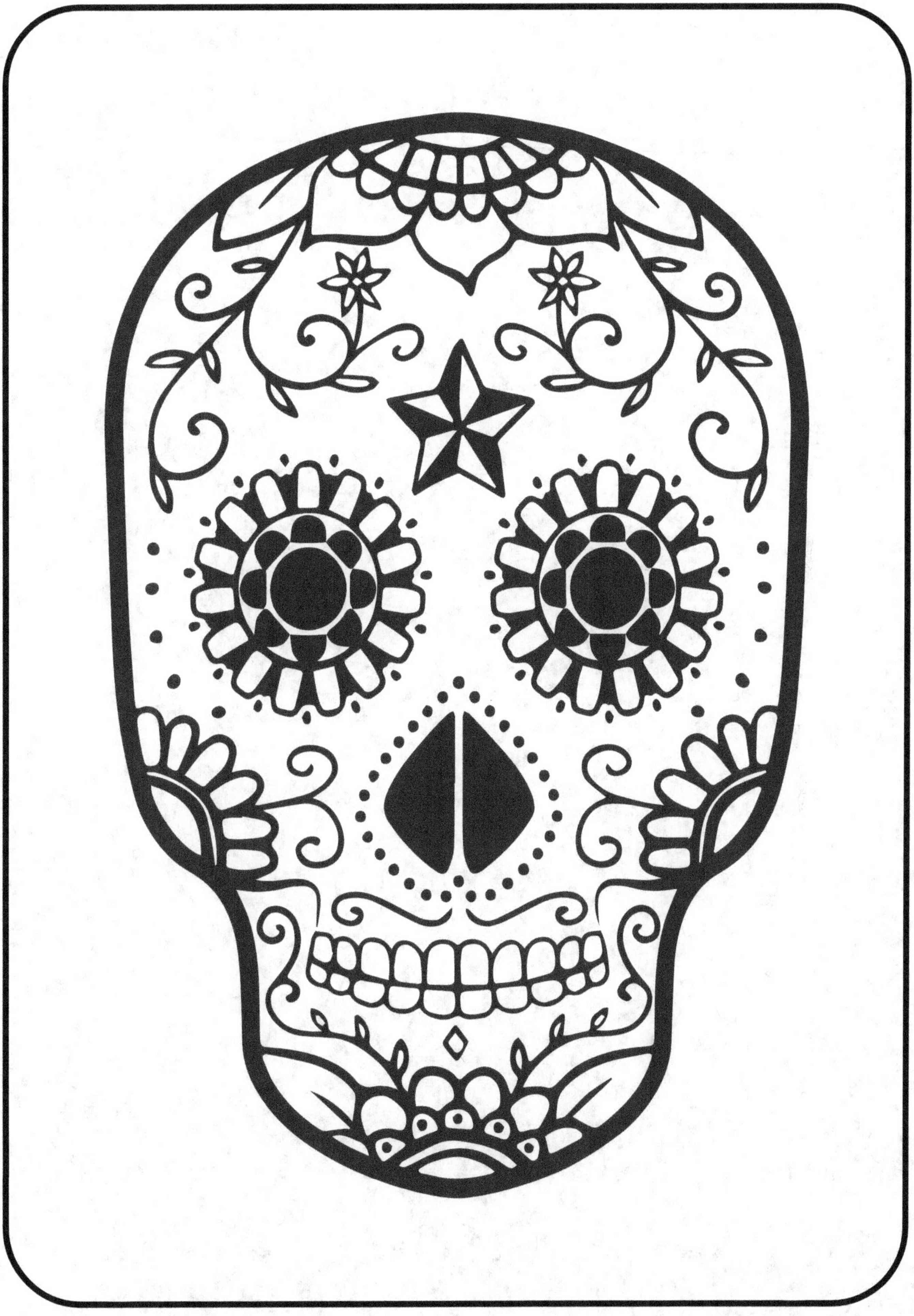

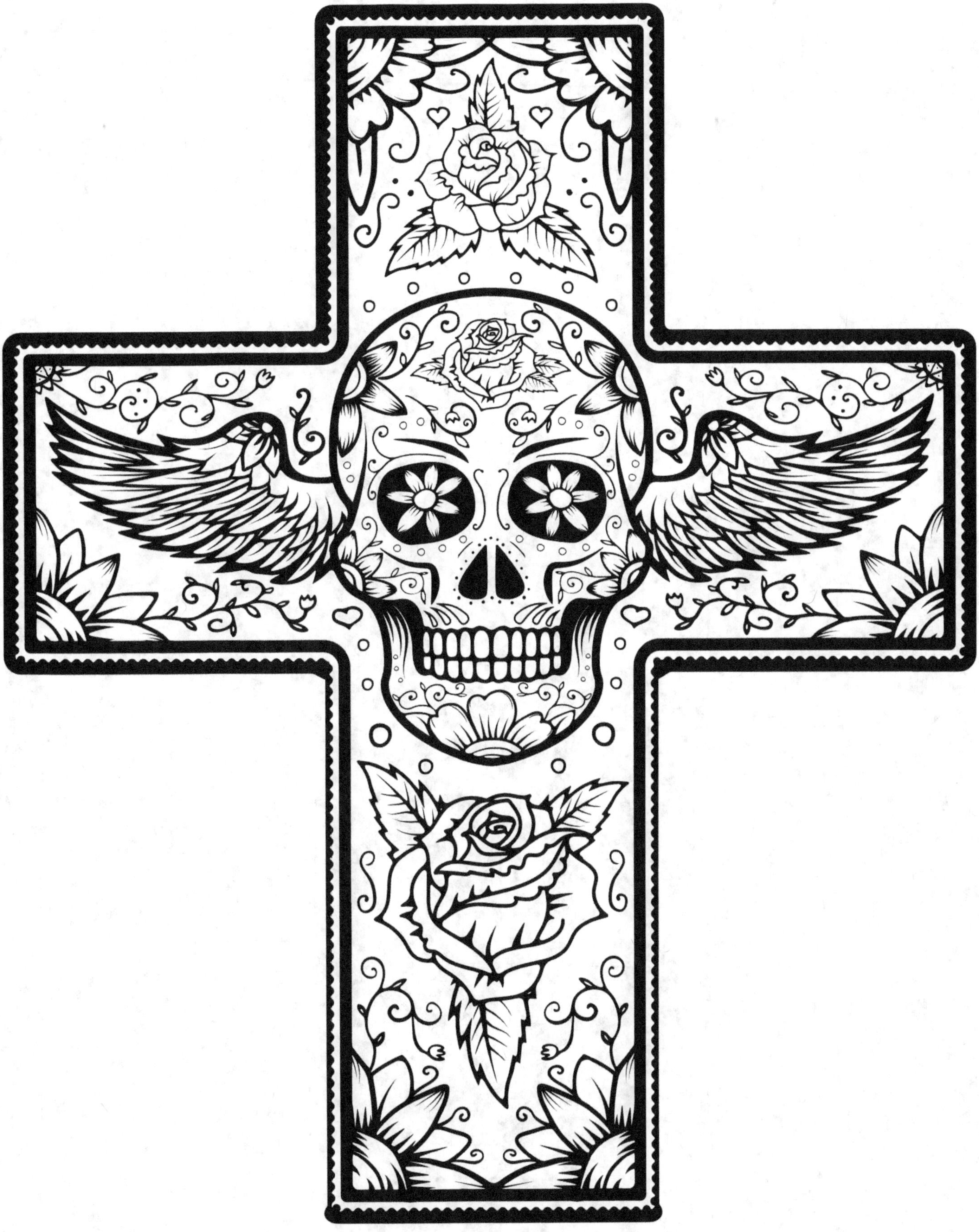

www.ingramcontent.com/pod-product-compliance
Lightning Source LLC
Chambersburg PA
CBHW082147230526
45467CB00043B/2402
* 9 7 9 8 6 9 5 4 1 0 5 3 2 *